오늘도

잘 　 놀다

갑니다

오늘도
잘 놀다

쫄릴 때도 많지만
자꾸 즐거워지는
발걸음

갑니다

김은영(소풍족) 에세이

서스테인

프롤로그

김은영 욕망 시리즈에 놀러 오신 여러분 환영합니다!

살면서 내가 쓴 책 한 권쯤은 있으면 좋겠다는 욕망을 가슴에 품고 산 지 어언 30년. 드디어 세상에 내놓게 되었습니다. 그동안 길게 써본 글이라고는 친구랑 싸울 때 보낸 장문의 메시지가 전부였던 내가 과연 책을 쓸 수 있을까 걱정이 많았습니다.

그러다 문득 유튜브를 처음 시작했을 때가 떠올랐습니다. 촬영도, 편집도 제대로 배워본 적 없는 내가 과연 잘할 수 있을까 덜덜 떨며 올렸던 첫 영상. 지금 그때의 영상을 보면 어설프고, 엉성하고, 보다가 꺼버린 적도 많습니다. 그럼에도 그때의 저는, 그냥 했습니다. '쫄리지만, 일단 해보자' 하는 마음으로요. 이번 책도 첫 영상을 만들던 그때의 마음으로 썼습니다.

저는 사실 '열심히'라는 말을 별로 좋아하지 않습니다. 열심히 한다고 다 되는 게 아니라는 걸 진즉에 알아버렸거든요. 그래서 늘 '열심히' 대신 '똑똑하게'라는, 한 글자 더 긴 말을 쓰곤 합니다. "열심히 해볼게요" 대신 "똑똑하게 해볼게요"라고요. 그런데 글을 쓰는 일은 도저히 '똑똑하게' 되질 않더라고요. 그래서 이번엔 조금 다르게 써봤습니다. 똑똑하게 써보려고 했는데, 그러지 못해서 열심히 썼습니다.

처음이라는 맨 앞자리에 서 있을 때면 늘 쫄립니다. 서툰 구석은 넉넉히 웃으며 봐주시고, 그 서툶이 만들어 내는 웃음과 여백을 즐겨주시면 좋겠습니다.

읽는 내내 여러분의 발걸음도 조금은 가벼워지길 바라며, 그럼, 개봉박두!

김은영

차례

프롤로그 004

노을이 예뻐 보였을 때 008

헬로, 마이 쁘렌 022

여자 셋이 여행을 떠나면 046

나의 솔롱고스, 몽골 01 우리는 결국 모든 걸 내려놓았다 067

나의 솔롱고스, 몽골 02 고비(Говь)는 말 그대로 고비(苦比)다 078

나의 솔롱고스, 몽골 03 불편해야 낭만이지 088

겨울의 겨울로 01 쫄보에서 떳떳한 호구가 되기까지 102

겨울의 겨울로 02 붉은 광장의 구애춤 117

겨울의 겨울로 03 희미한 오로라, 선명한 농담 132

나의 오랜 비즈니스 파트너에게   152

	은영, 파리에 가다	160
	닝 바이, 적당히 사랑할 줄 모르는	181
가족 여행의 조건 01	딘타이펑보다 중요한 것	196
가족 여행의 조건 02	우육면 앞에서 무너진 효녀의 멘탈	212
가족 여행의 조건 03	우리가 모르는 서로의 피로	222
	상하이 벌쓰데이	237
	연두색 수제비를 찾아서	256
	여행을 끝내는 여행	269

노을이 〰️

예뻐

_____ 보였을 때

스물넷, 박서우가 내게 유럽 여행을 제안했다. 한국 밖을 한 번도 나가본 적 없던 나는 해외에 관심보다는 의심이 많았다.

    '비싼 돈 주고 갈 만큼 가치가 있나? 그냥 SNS에 사진 몇 장 올리고 싶은 사람들의 돈 자랑 아닌가?'
여행에 꽤나 염세적이었지만, 대학 졸업 후 그럴싸한 루틴도, 목표도 없이 살아가던 나에게 5주간 유럽을 일주하는 여행은 제법 멋진 환기이자 이력이 될 것 같았다.

'유럽 여행 비용'이라는 목표는 여느 때보다 열정적인 루틴을 만들어 주었다. 평일에는 엄마 가게에서 오전 11시 50분부터 우르르 들어오는 회사원들에게 칼국수를 서빙하고, 다시 헐레벌떡 뛰어가 여섯 명에게 여섯 개의 카드를 받아 로봇처럼 카드를 긁으며 점심시간을 보냈다. 저녁에는 스크린 골프장 카운터에 앉아서 컴퓨터로 몰래 유럽 여행 블로그를 보고, 쌓여 있던 사채 홍보용 메모지에 예약해야 할 것들을 적었다. 월급날이 다가올 때는 이번 달에 번 돈과 저축할 수 있는 돈을 적었다. 주말에는 동네 이자카야에서 모듬 사시미를 날랐다.

"이거는 광어, 이거는 참돔, 이거는 연어고요, 흰 살 생선부터 드시고 간장은 적혀 있는 생선에 맞게 찍어 드시면 됩니다."

상냥하지만 영혼 없는 멘트를 끝내고 술 냉장고 앞으로 돌아와 유리에 엉덩이를 살짝 기댔다. 손님들의 머리와 머리 사이에 초점을 맞추고 몇 달 뒤의 유럽 여행을 그렸다. 내 인생에 이렇게 열정적이고 청춘 같은 나날들이 또 있을까 행복했다.

어느 날 아침, 칼국수 가게로 출근하기 위해 잠이 덜 깬 몸을 끌고 화장실로 갔다. 세수를 하고 거울을 봤더니 오른쪽 콧구멍에서 살짝 빨간 피가 흘렀다. 정말 조금이라 하마터면 놓칠 뻔한 양이었다. 거울에 비친 여자의 입꼬리가 씰룩였다.

'김은영, 너 도대체 얼마나 열심히 살고 있는 거야!'

금방이라도 얼굴에 남아 있는 물에 희석될까 봐 급하게 휴대폰을 켜서 셀카를 찍어 박서우에게 보냈다. 코피 나서 기쁘다는 말에 박서우는 축하한다고 답했다. 그날 나는 양쪽 구레나룻이 반짝거려도 힘든 줄 모르고 날아다녔다.

6개월 동안 800만 원을 모았다. 원래 800만 원보다 더 모았어야 했는데, 손에 돈이 쥐어지니 사고 싶은 게 생기고, 여행지에서 필요한 물건들이 눈에 들어오기 시작했다. 2시간을 내리 핸드폰을 들여다보며 갖고 싶던 힙색을 1,800원 저렴하게 구입하고 뿌듯해했다. 세계에서 가장 저렴한 스카이다이빙이라며, 이건 꼭 해야 한다는 박서우의 말에 체코에서의 스카이다이빙을 33만 원에 예약했다. 패러글라이딩은 경치 좋은 곳에서 해야 한다는 말에 스위스에서의 패러글라이딩도 40만 원을 주고 예약했다. 새 옷도 사고, 새 신발도 샀다.

6개월 전에 예매해 둔 63만 원짜리 왕복 항공권은 카타르 도하를 경유해 런던으로 입국하고, 바르셀로나에서 다시 카타르 도하를 경유해 한국에 돌아오는 일정이었다. 인천공항은 꽤 멀고, 많이 웅장했다. 인천공항은 마치 키도 크고 예쁜데 영어까지 잘하는, 처음 보는 친척 언니 같았다. 친해지고 싶은데, 오늘은 왠지 어려울 것 같은 느낌이랄까. 역시나 친척 언니는 호락호락하지 않았다. 1층에는 영화에서나 보았던 웰컴 보드를 들고 귀국한 사람들을 반기는 입국장이 있었다.

'우와, 신기하다!'

'근데 카타르항공 체크인은 도대체 어디서 하는 거지?'

1층에서 서성거리다가 결국 블로그에 '카타르항공 타는 방법'을 검색했다. 출국은 3층에서, 입국은 1층에서 한다는 간단한 사실을 출국 직전에야 알았다. 당연히 1층에서 모든 역사가 이뤄지는 줄 알았는데….

체크인을 하고 나서도 이 여정은 도무지 순탄해질 틈이 없었다. 기내용 가방에 야심 차게 넣어둔 새 샴푸와 컨디셔너는 보안 검색대 쓰레기통에 버려졌고, 기내식을 주는 대로 다 받아먹고는 더부룩해진 위를 부여잡으며 브래지어 끈만 매만졌다. 10시간의 비행에 발은 퉁퉁 부어서 발가락끼리 서로 엉켜 있었다.

그렇게 우리는 어찌저찌 경유지인 카타르 도하 공항에 도착했다. 사람들이 나가는 대로 따라가긴 했는데 우리 캐리어는 대체 어디에 있으며, 어떻게 찾아야 하는지 아는 게 없어서 걱정되기 시작했다. 한국에서 사 온 유심은 유럽에서만 개통되는 거라 늘 의지해 왔던 블로그 검색도 불가능했다. 엄마 잃은 아이들처럼 군중 따라 전진하면서도 '누구 저희 도와줄 사람 없나요?' 눈빛으로 두리번거렸다. 고도의 집중력을 발휘한 나는 두 가지 중요한 사실을 알아냈다.

"언니, 봐봐. 지금 전부 다 큰 캐리어 없이 다니지."
"응."
"그리고 지금 다들 표정 좋지."
"응."
"캐리어는 여기가 아니라 런던으로 바로 간 거야."
"오!"

그제야 우리는 스피커로 울려 퍼지는 이슬람교의 아잔 소리 아래서 평온한 표정으로 면세품을 구경했다.

하나부터 열까지, 모든 게 어설프고 서툴렀던 우리의 첫 유럽 여행은 런던을 시작으로 프랑스 파리, 스위스, 체코 프라하, 이탈리아, 프랑스 니스 그리고 스페인 바르셀로나를 여행하는 5주간의 일정이었다. 물가 비싼 런던 도심에서 숙소를 잡기에는 예산이 부족해 도심에서 조금 벗어난 지역의 에어비앤비에 묵었다. 게이 커플의 집이었는데 화장실을 셰어하는 방이었다. 아직도 그 충격적으로 깨끗한 화장실이 잊히지 않는다. 사용하긴 하는 건지 궁금할 정도로 물기 하나 없는 건식 욕조가 있었다. 거울에는 물 자국 하나 없었고, 우리 키에는 조금 높았던 변기도 마치 오늘 설치한 것처럼 깨끗했다.

"언니, 화장실 봤어? 머리카락도 없고, 나쁜 털도 없어!"

사람한테 기가 눌려본 적은 있어도 화장실한테 기가 눌려본 적은 처음이었다.

'이렇게 깔끔한 사람들이면 내가 뭐 하나 흘리기라도 하면 다시는 한국 손님은 받지 않을지도 몰라.'

나는 변기를 사용할 때마다 변기 옆의 솔을 이용해서 열심히 닦았다. 그 누구도 내가 이 화장실을 사용했는지 모르게 모든 흔적을 없앴다. "아름다운 사람은 머문 자리도 아름답다"라는 말은 틀렸다. 아름다운 자리가 머물 사람을 아름답게 만든다.

프랑스 파리에서도 숙소비를 아끼려 도심에서 한참 내려가 한국인들이 많이 사는 빌레쥐프 지역에 있는 한인민박에 묵었다. 한국인 형제가 운영하는 곳이었는데, 다른 한인민박과 다르게 한식이 아닌 프랑스 가정식으로 저녁을 제공했다. 하루는 소고기와 야채를 적포도주에 넣고 푹 끓여 만든 뵈프 부르기뇽(bœuf bourguignon)에 스파게티 면을 넣은 요리가 나왔다. 조금 질긴 고기를 아그장 아그장 씹는데 마치 설탕이 덜 들어간 갈비찜 맛이라 참 맛있게 먹었다. 다음 날에는 가지, 토마토, 피망, 양파, 호박 등을 올리브오일에 볶은 야채 스튜, 라따뚜이(ratatouille)가 나왔다. 영화 〈라따뚜이〉에서 봤던 음식이라 내심 반가웠다. 음식을 내주실 때마다 와인도 따라주셨는데, 프랑스 가정식을 먹는 내가 너무 근사해 죽겠어서 심장이 간지러워질 정도였다.

숙소 안에서는 심장이 간지러웠지만, 숙소 밖에서는 심장을 부여잡고 다닐 수밖에 없는 도시였다. 소매치기와 인종차별로 유명한 도시. 그런데 우리가 오기 한 달 전 즈음에 몇 번의 테러가 있었던지라 곳곳에 배치된 경찰들 덕분에 소매치기들이 많이 시무룩해 있는 상황이었다. 소매치기는 면했지만, 인종차별은 면할 수가 없었다. 대놓고 인종차별을 하는 사람이 있는가 하면, 우리 엄마한테 돈 받고 온 사람인가 싶을 정도로 친절한 사람도 있었다. 우리는 심장에 스크래치가 생기지 않게 보호필름을 잘 붙이고, 시덥잖은 말들은 무시하면서 남들과 비슷한 추억을 쌓으며 파리의 일정을 마쳤다.

스위스로 넘어가서는 박서우가 제일 갈망했던 초록의 끝판왕 그린델발트로 바로 향했다. '초록초록'하다는 것은 시골이란 뜻이고, 시골이란 교통이 편치만은 않다는 뜻이기도 하다. 기차를 두 번이나 환승하고 마지막으로 그린델발트행 기차에 몸을 실었다. 길이 평탄하지 않아 기차가 흔들리고, 또 흔들렸다. 멈출 줄 몰랐다. 멀미 좀 할 줄 아는 나는 누가 봐도 불편한 깊고 무거운 호흡을 내뱉으며 혼자와의 싸움을 시작했다.

'아까 장 본 봉지에다가 토해버릴까?'

'김은영, 너 토하면 행복할 것 같아? 아닐걸.'

'지금은 조금 괜찮은 것 같은데….'

'내 위장은 왜 내 편이 아닐까….'

'지금이라도 멀미약을 먹을까?'

사경을 헤매다 살짝 눈을 떴는데, 역방향으로 앉아서 가던 박서우의 얼굴이 보였다. 나와 같은 표정, 같은 호흡이었다. 그녀도 멀미 좀 할 줄 아는 사람이었다. 나보단 덜해서 역방향 자리에 선뜻 앉아주었는데 역시 위급한 상황이었다. 그린델발트에 가까워질수록 하차하는 사람들이 늘어나 기차는 점점 한산해졌다.

"야, 눕자."

눈 감고 있던 박서우가 갑자기 기차의 짐칸 한구석에 드러누웠다. 굉장히 현명한 여성과 여행 중이라는 생각이 들었다. 바로 따라가서 나도 누웠다.

"아, 살 것 같아."

살려준 박서우에게 속으로 감사 인사를 보냈다. 아무 말 없이 우리는 눈을 감고, 이마에 손등을 얹은 채 기차가 흔들리는 대로 함께 덜컹거렸다. 당장은 살 것 같았지만 20분을 계속 덜컹덜컹하니 그냥 이 여행에서 하차하고 싶은 기분이었다. 그때 기차가 서행하기 시작했다. 내 안의 무언가 벅차오르는 기분이 들었다.

'뭐지? 어… 어…?'

벅차오르는 게 아니라, 아까 먹었던 버거 세트가 올라오고 있었다.

'이 녀석들은 천천히 올라오는 법이 없지. 늘 급하게 올라온다고. 일단 기차가 완벽히 멈추면 뛰어내려서 '토일렛!' 외치고 뛰어가면서 화장실 위치를 알아내는 거야. 그리고 잘 해결하자!'

드디어 기차가 멈췄다. 인생은 정말이지 계획대로 되는

법이 없다. 변기에서 사라져야 했을 버거 세트는 사라지지 못한 채 기차 레일 위에 존재했다. 순식간이었다. 버거 세트를 내보내고 나니 오한이 오면서 몸이 부들부들 떨렸다. 기차역에서 승객들을 안내하던 여자 직원이 오더니 괜찮냐고 물었다.

"정말 죄송해요."

"아니에요, 괜찮아요. 혹시 도움 필요하세요?"

"아니요."

박서우가 내 짐까지 챙겨서 낑낑대며 내려오다가 이 광경을 마주했다. 박서우의 표정이 참 다채로웠다. 한순간의 표정에 다섯 가지 이상의 감정이 담길 수 있다는 것을 그리고 나도 그 다섯 가지의 감정을 읽을 수 있는 능력이 있다는 것을 알게 되었다.

그린델발트의 풍경은 정말 멋졌다. 허나 둘 중 누구도 날씨 운이 좋은 사람이 없어서 내내 흐리고 비가 왔다. 한국인이라면 스위스 국기와 컵라면 인증샷을 찍는다는 융프라우 정상에서는 구름이 잔뜩 껴서 아무것도 보지 못했고, 액티비티로 바이크를 타고 산에서 내려올 때는 비가 내려서 박서우는 결국 빗길에 넘어졌다. 패러글라이딩하는 날에도 구름이 많아서 그린델발트의 풍경 대신 구름 사이를 뚫고 지나가는 멋진 경험으로 스위스 여행을 달랬다.

프라하 체코에서는 족발 요리인 '꼴레뇨'를 먹다가 인종차별을 당해서 먹는 둥 마는 둥 하다 나왔다. 그리고 세계에서 가장 저렴한 스카이다이빙을 했다. 사망해도 책임지지 않겠다는 서류에 쿨한 척 서명을 하고, 경비행기를 타고 상공 4.5킬로미터 위로 올라갔다. 경비행기 문이 열리고 한 팀씩 떨어지고 있었다. 뛰어내린다는 표현보다는 떨어진다는 표현이 어울리는 몸짓이었다. 나도 내 파트너와 함께 떨어졌다. 시속 200킬로미터로 떨어지며 지구의 지평선을 눈에 담았다. 너무 멋져서 "우와!" 하고 입을 벌렸는데, 엄청난 바람 때문에 땅에 발이 닿을 때까지 입을 닫지 못했다.

뜨거웠던 이탈리아 로마와 피렌체를 지나 베네치아에 도착했다. 하루하루를 해치우듯 보내다 보니 어느덧 여행이 3분의 2가 지나고 있었다. 첫 해외여행을 장기 여행으로 하다 보니 점점 지쳐갔다. 매번 특색 있는 새로운 여행지였는데도 감흥이 점점 줄어들고 있는 나를 발견했다. 그런 와중에도 박서우는 여행지마다 기어코 노을 스팟을 알아냈고, 일몰 시간대를 확인해 30분 전까지 스팟에 도착하려고 했다.

"오, 베네치아에도 노을 스팟이 있대."

"응, 없을 리가."

"이따 안 피곤하면 일몰 시간에 그 성당 가자."

안 피곤한 날이 하루도 없었지만, 우리는 노을 스팟이라는 성당 앞 계단에 앉았다. 이미 많은 사람이 계단에 앉아 노을을 기다리고 있었다. 사람들의 시선이 부담스러운지 해는 구름 사이로 숨었다 나왔다를 반복하며 서서히 가라앉기 시작했다. 여행에서의 모든 노을이 기억나지는 않지만, 이 베네치아 노을을 참 예뻐했던 기억은 선명하다. 계단에 앉아 노을을 바라보는 사람들과 그 풍경 어딘가에 있는 우리가 참 근사했다.

하루도 빠짐없이 때가 되면 해는 매일 진다. 지는 해를 보기 위해 어떤 사람들은 발걸음을 돌리고, 어떤 사람들은 차가운 돌계단에 엉덩이를 붙이고 시간을 죽인다. 참 느리고 뻔한데도 사람을 꼬시는 힘이 있다. 보다가 웃음이 나도 웃을 만하고, 보다가 눈물이 나도 울 만하다. 아무 말 없이 느끼한 눈빛으로 뚫어지게 쳐다봐도 누구도 느끼하다고 나무라지 않는다. 내 방 창문이 아니라, 베네치아 창틀에 걸린 노을은 사정없이 내 심장을 반죽했다. 유럽 곳곳을 쏘다니며 이미 몇 번의 노을을 봤는데도 느닷없이 말랑말랑해진 내가 당황스러우면서도 반가웠다.

노을이 예뻐 보였을 때,
노을이 노을로 보였을 때,
비로소 여행이 여행이 되었다.

헬로, ~~~~~~

　　　마이 쁘렌_____

빵빵, 빠아아아앙, 빵빵빵.
동서남북에서 던져지는 경적에 정신이 나갔다가 이제 들었다. 여기가 어디더라? 주위를 둘러보니 잿빛 섞인 노란색 공기가 무겁게 떠다녔다. 나를 빤히 쳐다보는 사람들과 내 시야를 틀어막는 삼륜 오토바이들의 향연. 그래, 인도다. 나는 지금 인도의 수도 델리에 있다.

"헬로, 마이 쁘렌."
이렇게 말하는 사람은 나를 친구로 생각하지 않는다. 며칠 델리를 돌아다니면서 수많은 "헬로, 마이 쁘렌"을 들으며 깨달았다. 만났던 사람 중 가장 좋은 사람은 우리에게 관심이 없는 사람이었다.
인도의 첫인상은 다채로웠다. 소문대로 길에는 여자를 찾아보기 힘들었고, 대부분이 남자였다. 한국에서 온 귀여운 이방인들이 신기한지 몇몇 사람들은 우리를 한참이나 구경했다. 나도 그들이 신기해서 서로 한참을 구경했다.

길을 걸을 때면 다양한 냄새가 박서우와 내게 말을 걸어왔다. 맛있는 냄새로 반겨주다가, 음식물 쓰레기 냄새가 뒤통수를 치고 도망가면, 지린내가 수줍게 다가오고, 갓 태어난 담배 냄새들이 우르르 몰려왔다. 인도에 오기 전 다양한 영상과 글을 보면서 나름 마음을 먹기도 하고, 마음을 내려놓기도 했는데, 후각에 잽을 날릴 줄은 예상하지 못했다.

인도 여행은 크게 북인도 여행과 남인도 여행으로 나뉜다. 북인도에는 인도의 대표적인 관광지가 몰려 있다. 수도 델리, 타지마할이 있는 아그라, 갠지스강이 흐르는 바라나시, 영화 〈김종욱 찾기〉의 배경지였던 블루시티 조드푸르, 사막이 있는 자이살메르까지. 인도가 처음인 우리는 북인도를 3주 동안 구경하기로 했다.

우선 타지마할이 있는 아그라로 가기 위해 새벽부터 델리역에 왔다. 역 앞에서 마신 인도식 밀크티 짜이 덕분에 정신이 조금 깬 듯했다. 하지만 짜이로 퉁치기에 델리역은 넓고 복잡했다. 누가 봐도 처음 온 관광객처럼 플랫폼에서 서성거리니 자비로운 남자가 말을 걸어왔다.

"어디로 가세요?"

"아그라요!"

아그라행 기차를 예약한 어플을 켜 남자에게 보여줬다. 남자는 스윽 보더니 따라오라며 길을 안내했다. 기댈 곳 없던 우리는 군말 없이 남자를 따랐다. 남자는 앞장서 걷다가 이따금 뒤돌아 우리가 잘 따라오고 있나 확인했다. 걱정해 주는 마음이 고마워서 뒤돌 때마다 눈을 마주치고 내가 지을 수 있는 가장 착한 표정을 지었다.

"역시 인도에도 좋은 사람들이 많아."

"맞아!"

사실 여행은 별거 없다. 여행에서 만난 사람들과의 작은 추억 하나로 좋은 여행이 돼버리기도 한다. 남자의 선의에 감동받은 박서우와 나는 벌써부터 인도를 좋은 여행으로 정리하고 있었다.

꽁꽁 숨어 있던 우리의 아그라행 기차 플랫폼에 도착했다. 고맙다고 연거푸 인사를 건넸는데도 남자는 갈 생각이 없어 보였다. 우리가 기차를 타고 무사히 떠나는 모습까지 보려나 보다. 감사의 마음을 담아 작은 성의로 지갑에서 50루피를 빼내 준비했다. 남자는 한사코 기차에 같이 올라 우리의 좌석까지 안내해 줬다. 숨겨왔던 우리의 작은 성의를 남자에게 건넸다.

"더 줘요."

당했다, 당했어. "헬로, 마이 쁘렌"하고 힌트라도 주든가. 지갑을 열어 잔돈 40루피를 빠르게 건넸다. 남자는 다시 부족하다는 듯이 표정을 지었다. 하지만 이내 숨길 수 없는 미소가 새어 나왔다. 바로 빵긋 웃으며 우리에게 악수를 청했다. 분위기에 휩쓸려 쿨하게 악수를 받고, 박서우는 한술 더 떠 "땡큐"로 화답했다. 델리에 도착한 첫날, 호텔 주인에게 받은 메일 속 한 문장이 떠올랐다.

> 당신을 설득하는 사기꾼들의 능력을
> 과소평가하지 마세요.

타지마할은 세계 7대 불가사의 중 하나다. 노래에서나 듣고, 부루마블 게임에서나 입에 담아봤던 그 유명한 타지마할 앞에 서 있는 나 자신이 신기했다. 완벽한 대칭으로 유명하다기에 눈에 깐깐함을 장착하고 좌우를 살폈는데, 정말 완벽했다. 더 완벽했던 점은 타지마할에 사연이 녹아 있는 것이었다. 서바이벌 프로그램에서 사연 있는 출연자는 어쩐지 더 정이 가는 것처럼 '사연'은 늘 사람의 마음을 움직인다. 타지마할은 인도의 옛 황제인 '샤 자한'이 황후인 '뭄타즈 마할'이 죽자, 그녀를 그리며 22년 만에 착공한 묘였다. 그냥 건축물인 줄 알았는데, 사랑꾼 황제가 지은 묘라고 하니 왠지 더 특별하게 느껴지고 '타지마할'이라는 이름마저도 로맨틱해 보였다. (확실히 나는 사회적인 동물이 맞다.)

델리를 떠나 바라나시에 도착했을 때, 이상 기온으로 40도까지 치솟은 온도가 내려올 줄 몰랐다. 사진만 보고 짧은 판단으로 골랐던 숙소는 박서우와 나를 괴롭혔다. 건물은 300년이 넘었고, 이 숙소는 그 사실을 자랑스러워했다. 우리는 여성용 6인실에 묵었는데, 에어컨이 제대로 작동하지 않았다. 우리 둘 중 1등으로 날렵한 박서우가 2층에서 자기로 했는데, 에어컨 바람이 오지 않는다고 툴툴대며 내려왔다.

"나 더운 거 딱 싫어하는 거 알지."

더위를 딱 좋아하는 사람은 많지 않다. 1층인 내 침대까지는 에어컨 바람이 닿아서, 결국 우리는 서로의 발을 머리 옆에 두고 나란히 누웠다. 혼자 누워도 좁은 그 매트리스에 건장한 여성 둘이 누웠다. 침대 옆으로는 통창이 있었는데, 내 자리의 창은 크게 깨져 있었고, 테이프로 대충 수습돼 있었다. 수습이 안 되는 빈 부분은 휴지로 메꿔져 있었다. 깨진 창문으로 밖을 바라보면 가끔 원숭이들이 건물 옥상을 뛰어다녔다. 혹시 이 녀석들의 짓인가 혼자 의심하다가 벽에서 꼬물거리는 도마뱀에 시선을 빼앗겼다. 이 녀석은 아까 낮부터 계속 이 방을 구경 중인 것 같다. 다시 창밖으로 시선을 옮겼다. 건물들 너머로 보이는 갠지스강이 나를 위로했다.

인도 여행을 계획할 때부터 나는 이 여행의 하이라이트는 바라나시라고 생각했다. '인도'를 떠올렸을 때 가장 선명하게 그려지는 그림은 아무래도 갠지스강이었다. 다른 나라에서는 따라 할 수도, 볼 수도 없는 독보적인 명소. 내일은 본격적으로 갠지스강을 구경하기로 했다. 설레면서도 한편으로는 지긋지긋한 심정으로 잠이 들었다.

오늘 날씨도 단단히 돌았다. '42'라는 숫자를 날씨 어플에서 보게 되다니. 기념하기 딱 좋아 스크린 캡처를 하고 숙소 앞 슈퍼에서 찬물을 샀다. 인도에는 마시는 물 종류도 여러 가지인데, 우리는 배앓이를 방지하기 위해 청록색 라벨지를 입고 있는 'Bisleri'라는 브랜드의 물을 고집했다. 몇 번이나 시원하게 목을 축였던 그 청록색 라벨지의 물이 'Bisleri'가 아니라 'Bellery'라는 것은 사흘이 지나서야 알게 되었다.

인도에는 다양한 교통수단이 있다. 승용차로 된 택시부터 동남아에서는 툭툭이라고 불리는 3발 오토바이 '오토 릭샤', 말에 타는 '말 릭샤', 소에 타는 '소 릭샤' 그리고 자전거에 타는 '자전거 릭샤'.
대부분의 자전거 릭샤는 세월에 벗겨지고 녹슬어 갈색과 검은색만 남은 쇳덩어리다. 우리는 자전거 릭샤를 타고 갠지스강의 화장터를 가기 위해 기사님 한 명을 붙잡고 가격을 물었다. 주변 기사들에게 푸시 알림이라도 뜨는지 순식간에 자전거 릭샤들이 나를 에워쌌다. 다양한 목소리로 영어와 힌디어가 여기저기서 날아왔다. 길거리는 이미 릭샤와 자동차들 클랙슨 소리로 가득차서 정신이 없는데 기사들까지 나를 둘러싸고 구애하니 미칠 지경이었다. 목적지를 말해도 잘 모르는 눈치인데 고개를 좌우로 흔들며 알겠다고, 타라고 한다. (인도에서는 'OK'라는 뜻으로 고개를 좌우로 흔든다.) 기사들은 내가 "서울!"이라고 해도 고개를 좌우로 흔들고 타라고 할 게 틀림없다.

"100루피, 오케이!?"

결국 제일 가까이 있던 기사에게 반값으로 100루피에 흥정했다(그래도 비싼 가격이다). 우리가 첫 손님이었는지 좌석에 앉자 햇빛에 달궈질 대로 달궈진 시트에 엉덩이가 녹아내렸다. 심지어 시트도 좁아서 우리는 서로의 통통한 허벅지를 붙일 수밖에 없었다. 햇빛 가림막도 사이즈가 애매해서 겨우 생긴 얇은 그늘에 우리는 각자의 팔을 구겨 넣기 바빴다. 그럼에도 자전거 릭샤는 제법 마음에 들었다. 자전거가 힘차게 굴러갈 때마다 기사님의 오그라든 발가락과 발바닥을 보면 마음이 싱숭생숭하기도 했지만, 천천히 거리를 구경하는 맛도 좋고, 좌석도 높아 은근히 속이 뚫렸다.

그렇게 얼마 안 가서 오토 릭샤, 승용차, 오토바이, 소, 사람들이 엉키는 구간에 접어들었다. 가지각색의 길고 짧은 클랙슨 소리들이 귓구멍을 찔렀다. 내가 볼 땐 누구 하나 잘하지 않았고, 누구 하나 잘못하지 않은, 그냥 교통체증일 뿐인데 오토 릭샤에 탄 기사와 승객들이 우리 자전거 기사님한테 화를 냈다. 더 마음 아프게 우리 기사님은 별말 없이 다시 발가락을 힘껏 움츠려서 자전거 페달을 밟아 정체 구간을 빠져나왔다. 건장한 우리 둘을 태워서 그런가, 속도는 잘 나질 않았다. 100루피로 흥정했지만 조금 더 드려야겠다고 생각할 즈음이었다.

'어어, 이 방향이 아닌데.'

불안한 마음에 미리 켜둔 구글맵과 다른 방향으로 가고 있었다. 구멍이 난 기사님의 셔츠를 툭툭 쳤다.

"어어… NO! NO!"

기사님은 내 표정을 알아듣고는 다른 기사들에게 길을 묻기 시작했다. 인도에서는 무언가를 하려면 시간적인 여유와 이 사실을 받아들일 마음의 여유가 필요했다. 기사님은 별 소득 없이 다시 힘겹게 전진하기 시작했다. 구멍 난 부위를 피해 셔츠를 몇 번 더 툭툭 쳐가면서 길을 안내했다. 겨우 화장터 근처 골목에 도착했다. 길을 가르쳐 주는 동안 내심 짜증도 났지만 내려야 한다니 아쉽기도 했다. 미리 50루피를 더 얹어서 준비해 둔 150루피를 건네려고 하는데, 기사님이 귀여운 표정을 지으며 손으로 V를 만들었다.

"투 헌드레드 루피."

당했다, 당했어. 150루피밖에 없다고 하는데도 기사님은 자꾸 애교를 부린다. 그래, 귀여워 보이면 끝이지. 결국 기사님이 원하는 200루피를 드리고 박서우와 나는 200루피의 합당함에 대해 얘기했다.

"자전거 릭샤 재밌었잖아."

"그래, 날이 너무 뜨겁긴 했어."

낙관적인 호구들의 패턴은 늘 이러했다. 이해되지 않는 금액이어도 일단 지불하고, 이해는 우리 둘만 남았을 때 신속히 진행했다. 이래서 우리가 〈소풍족〉 채널을 6년째 하고 있는 거겠지. 시간 가는 줄 모르고 서로를 다독이며 걷다 보니 나무 타는 냄새가 나기 시작했다. 어느새 갠지스강 근처에 와 있었다.

좁은 골목으로 들어서니 남자 여러 명이 시신이 든 관을 어깨에 이고 멀리서부터 다가왔다. 다 함께 부르는 노래를 알아들을 수는 없지만, 슬픔으로만 뒤덮인 분위기는 아니었다. 우리는 자리를 내어주고 멀어지는 뒷모습을 숨죽여 오래 바라보았다. 무겁진 않지만, 무거울 수밖에 없는 골목의 공기에 손발을 묶인 채.

골목을 빠져나오면, 3미터 정도로 쌓인 장작들이 즐비했다. 갠지스강 앞에서 시신을 태울 때 쓰는 장작이었다. 다 비슷한 장작처럼 보였지만, 장작도 종류와 급이 달라서 형편이 어려운 사람들은 저렴한 장작을, 여유가 있는 사람들은 고급 장작을 쓴다고 했다. 죽고 난 뒤에도 또 급을 나눠서 태워져야 한다는 사실이 씁쓸했다. 갠지스강에 다다르니 활활 타고 있는 불과, 식어가는 불 그리고 진한 연기가 날아다녔다. 시체가 태워지고 있었다.

사랑하는 사람을 직접 태워 보내는 심정은 어떨까. 나는 엉엉 큰 소리 내어 울 것만 같은데 이곳에서는 곡소리 하나 들리지 않았다. 인도에서는 죽음을 태어나면 누구나 처하는 당연한 것으로 생각한다고 한다. 특히 이 갠지스강은 인도인들이 꿈꾸는 삶의 종착지이기 때문에 이곳에서 생을 정리하는 것을 뜻깊게 생각한다고 한다. 그래서 울 일이 아니라고 생각한다고. 울 게 아니라, 망자가 내 삶에 어떤 영향을 끼쳤고, 앞으로 나는 이 사람 없이 어떻게 살아갈 것인지를 생각한다고 한다. 이 이야기를 듣고 화장터에 서 있으니 어른들 사이에 낀 어린아이가 된 기분이었다.

언제부턴가 종종 죽음에 대한 생각에 빠지곤 했다. 나의 죽음뿐만 아니라, 가족, 친구들, 연락은 잘 하지 않지만 여전히 내가 그리는 사람들, 모르는 사이지만 마음속으로 응원하는 사람들까지. 그 예쁜 얼굴들을 더 이상 만질 수

없게 되면 나는 어떻게 해야 할까. 나는 어떻게 될까. 굳이 슬픈 생각의 꼬리를 물고 물며 미리 두려워했던 지난날들에 갠지스강이 위로해 주는 것 같았다. 그래, 슬퍼하지 말자. 사람은 태어나기 때문에 죽는다. 이 사람이 생전에 나에게 끼쳤던 좋은 추억과 영향만 생각하자.

누구에게나 떠올리면 심장에 딱밤을 때린 것처럼 마음이 아파지는 얼굴들이 있다. 셔틀버스를 기다리던 내 뒤로 몰래 다가와 놀래키고는 빠르게 꺼내놓던 큰 덧니를, 한참을 들여다보아도 보이지 않는 손가락의 상처를 눈앞까지 들이밀며 살랑이던 볼의 솜털을, 본인이 만든 갈비찜을 황홀한 표정으로 먹는 나를 보며 활짝 접던 눈가 주름을, 그들의 얼굴들을 떠올렸다. 입술의 뾰족한 양 끝이 힘겹게 올라가는 듯했다. 이렇게 하면 되는구나. 식어가는 재를 오랜 시간 동안 바라보았다.

인도에 오면 꼭 해보고 싶었던 것 중 하나가 발리우드 영화 관람이었다. 발리우드(Bollywood)는 뭄바이의 옛 지명인 발리(Bolly)와 할리우드(Hollywood)의 합성어인데, 뮤지컬, 무용, 음악이 한데 어우러진 영화 장르다. 우리에게 가장 친근한 발리우드 영화는 아마 〈세 얼간이〉일 것이다. 〈세 얼간이〉 러닝타임이 무려 3시간이어서 처음에 기겁했었는데, 발리우드 영화는 보통 3시간이다. 더 놀라운 점은 인도가 세계에서 최대 영화 제작 국가라는 사실이었다. 인도 영화산업은 내수가 활발하다. 그래서 다른 나라 영화들이 인도에서 기를 못 편다고 한다. 영화 시장에 큰 관심은 없던지라 당연히 미국이 가장 크고 영향력 있을 거라고 생각했는데, 인도에서는 발리우드가 짱이었다. 조드푸르의 숙소에서 나와 동네의 가장 큰 영화관으로 향했다. 우리는 여행 중 오토 릭샤를 많이 이용했다. 타기 전에 목적지까지의 시세를 알아내고, 기사와 옥신각신 흥정을 하다 보면 타기도 전에 살 빠지는 기분이 들었다. 오토 릭샤 기사들이 셋 이상 모여 있으면 또 얼마나 서로를 견제하고 눈치를 주는지, 내 눈 밑 근육이 파르르 떨릴 정도였다. 목적지까지의 시세가 50루피인 걸 알았지만, 우리는 외국인이니 100루피로 마음먹고 흥정에 뛰어들었는데도 쉽지 않았다. 40도에 육박하는 햇빛 아래서 등이 점점 촉촉해졌다. 기백이 점점 꺾였다. 오토 릭샤의 경적이 계속 귀를 때리다 보면 어느 순간 경적이 들리지 않았다. 갑자기 다른 시공간에 빠져드는 기분이랄까.

100루피로 힘겹게 흥정을 하고 오토 릭샤에 작지 않은 덩치 두 개를 구겨 넣었다. 기사님이 시끄러운 액셀을 밟으면 꽤나 날렵하게 달리기 시작한다. 매연 섞인 바람이 목 뒷덜미를 훑는다. 이 뜨거운 바람이 이제는 시원하다. 누군가는 왜 릭샤를 고집하는지, 그냥 승용차로 된 택시를 타면 되는 거 아닌가 의아할 수도 있다. 여행 초반, 당연히 승용차 택시도 시도했다. 겉모습으로 됨됨이를 판단하지 않으려고 늘 노력하지만, 눈앞에 도착한 택시를 보고 나는 그럴 수 없는 사람임을 깨달았다. 열심히 살아온 차였다. 문을 열자 차는 반갑다는 듯 쇳소리를 내었다. 시트는 퇴직한 지 한참이라 쇠 프레임 하나하나가 엉덩이로 만져졌다. 기사님은 에어컨을 틀 생각이 전혀 없어 보였고, 차 안을 감싸는 담배 냄새를 쫓으려 급히 창문을 내렸다. 그리하여 우리는 오토 릭샤를 선택했다. 적어도 뜨거운 담배 냄새가 고여 있지는 않으니까. 내릴 때만 되면 말을 바꾸던 기사들의 얼굴을 떠올리며 땀을 식히던 박서우가 입을 뗐다.

"100루피 맞죠?"

"네, 네."

"당신이 100루피라고 했어요."

"네, 1인 100루피."

"헤이! 헤이! 헤이! 스탑!"

온순한 박서우를 화나게 하는 나라. 10년을 박서우 옆에 딱 달라붙어서 지냈지만, 이렇게 진솔하게 화내며 소리지르는 모습은 처음 봤다. 그 모습에 덩달아 긴장해버리면 십년지기가 아니지. 아직도 그때를 생각하면 웃다가 눈물이 고인다. 그 시끄러운 릭샤 안에서 나름의 소리를 질렀음에도 음소거 되어버린 치와와의 분노.

우리는 최대한 발리우드의 정석처럼 보이는 영화를 선택했다. 포스터 가운데에는 인도의 마동석 같은 배우가 있었고, 개구진 표정을 지은 남자들과 미녀, 악당처럼 보이는 남자도 있었다. 포스터만 봐도 벌써 스토리가 다 읽히는 기분이었다. 영화 티켓은 1명당 2,500원이었는데 2명이 먹을 수 있는 팝콘과 콜라 세트가 15,000원이었다. 그래서 현지인들이 다들 팝콘을 먹지 않는 거였구나…. 그렇게 귀한 팝콘 세트를 모시고 영화관 안으로 들어가니 다들 SNS용 사진을 찍고 있었다. 영화가 시작되기 전에 팝콘을 다 먹는 게 당연한 우리는 팝콘을 빠르게 입에 집어 넣으며 영화만큼 흥미로운 그 모습들을 구경했다. 어느덧 화면은 인도 국기로 채워졌고, 모두가 기립했다. 우리도 팝콘 먹던 손을 허벅지에 털며 엉거주춤 일어났다. 사람들이 곧 인도 국가 〈자나 가나 마나(Jana Gana Mana)〉를 부르기 시작했다. 태국 영화관에서도 비슷한 모습을 봤었는데, 이 자체만으로도 너무 흥미로운 경험이라 영화를 못 봐도 만족스러울 정도였다.

영화가 시작됐다. 한 마을에 마동석 같은 남자 주인공이 살았다. 조직 출신이지만, 지금은 평범하게 살아가려 한다. 그렇지만 라이벌 조직은 주인공을 가만두지 않는다. 가만두면 영화로 탄생할 수 없으니까. 남자 열댓 명이 칼을 들고 찾아와 주인공을 괴롭히려고 하는데, 주인공은 전혀 다치지 않고 가뿐히 열댓 명을 혼내준다. 이 완벽한 주인공은 여자를 만나본 경험이 적고, 숙맥이다. 남동생들은 우리의 멋진 형이 여자 좀 만났으면 한다. 형이 연애했으면 좋겠다며 동네 사람들 모두 모여 노래를 부르고 춤을 춘다. 그러던 중에 미녀 여주인공이 마을에 여행을 온다. 남동생들은 주인공과 미녀를 이어주려고 부단히 노력하고, 몇 번의 데이트로 서로 가까워진다. 가까워진 걸 기뻐하며 친구들, 남동생들과 같이 또 노래를 부르고 춤을 춘다. 그러던 중에 라이벌 조직이 마을에 쳐들어온다. 주인공을 노리는 줄 알았는데, 이들의 목적은 미녀 여주인공이었다. 알아들을 수 없는 영어로 진행돼도 스토리 파악이 완벽히 돼서 도파민이 터지고 있는데 갑자기 화면에 '인터미션'이라는 글씨가 떴다.

"와, 미쳤다."
박서우는 기다렸단 듯이 감탄을 내뱉었다. 우리는 서로의 도파민을 발견하고, 또 다른 도파민을 뿜었다.
> "우와, 나 이렇게 관객들 반응 실시간으로 느끼는 거 초등학교 때 〈늑대의 유혹〉 강동원 장면 이후로 처음이야."

70분 내내 주인공이 다칠 뻔하면 관객들은 야유하고, 주인공이 악당을 혼내주면 소리 지르며 통쾌해했다. 영화 속에서 춤추고, 노래를 부를 때면 관객들도 박자에 맞춰 박수를 쳤다. 10분간의 인터미션 후 당연히 주인공은 악당들과 치고받고 싸워서 마을을 지키고, 미녀와 결혼하며 마을 주민들과 관객, 스크린 안팎 모두의 축복 속에 영화는 끝났다.
한국에서는 영화가 시작되면 팝콘 씹는 소리도 크게 느

껴져서 혀로 녹여 먹었었는데, 이렇게 큰 소리를 내면서 박수 치고 환호하며 영화를 보다니. 현지인들에 섞여서 우리도 주인공이 다치면 슬퍼하고, 이기면 환호했다. 뮤지컬 신이 나오면 우리도 둠칫둠칫 리듬을 탔다. 2,500원으로 누린 이 화려한 3시간의 여운에 한동안 엉덩이를 떼지 못했다.

처음 델리에 도착했을 때는 3주라는 시간이 지나긴 할까 생각했다. 여행의 첫날에는 늘 남은 기간들이 까마득하게 느껴지지만, 정신 차리고 보면 여행의 말미에서는 늘 발을 동동 구르게 된다. 인도도 그랬다. 정신 차려 보니 마지막 도시인 자이살메르에 와 있었다. 자이살메르는 인도의 서쪽에 있는 지역이었는데, 우리가 자이살메르에 가는 이유는 딱 한 가지였다. 사막에서 노숙하기 위해.
사막에서 노숙하고 싶어 하는 사람은 우리뿐만이 아니었다. 사막에서 하룻밤을 보내는 투어를 신청했는데, 영국에서 온 제임스와 샘, 각각 혼자 온 광석, 예빈도 함께였다. 그런데 비가 내리기 시작했다.

'사막 투어 어떡하지?'
우리 여섯 명은 언제 그칠지 모르는 비를 게스트하우스 1

층 소파에 앉아 하염없이 바라보았다.

"사막에서 비 내리면 재밌을 것 같지 않아요?"

예빈이 말했다. 이런 사람과 함께라면 어떤 날씨든 즐거울 테지. 하늘이 우리 이야기를 들었나. "이래도?"라고 말하듯 갑자기 빗방울이 굵어지더니 폭우가 내리기 시작했다.

"럭키. 안 더워."

숙소의 주인이며, 투어를 이끌어줄 한국어 능력자 인도인 '원빈'이 대수롭지 않듯 얘기했다. 소파에 앉아 있는 동행들 전부 반쯤 풀린 동공으로 비를 구경하고 있었다. 이 사람들을 쭉 보는데 어떤 단단한 아우라가 느껴졌다. 말로 설명할 수 없는 강력한 에너지였다.

비가 그치고 우리와 함께 떠날 직원들이 걸레를 들고 지프차 뒷좌석에 고인 빗물을 닦아냈다. 이미 시트는 비에 푹 적셔진 상태였다. '저기에 어떻게 앉지?' 생각했지만, 이 단단한 아우라의 동행들 사이에서는 그런 말을 입 밖으로 꺼냈다가는 오늘 하루가 외로워질 것 같았다. 신경 쓰이지 않는 척 시트 위에 앉았다. 앉자마자 빗물이 엉덩이 양쪽을 반겼다. 비좁고 축축한 시트에 앉은 여섯 명 모두 팬티까지 젖은 채 한참을 달렸다.

차로 달릴 수 있는 데까지 가니 현지인들이 우리를 기다리고 있었다. 1박 2일 동안 우리를 일대일로 담당할 짝꿍들과 인사를 나눴다. 내 짝꿍은 '아짐'이라는 꼬마였다. 아짐은 낙타를 달래서 내가 무사히 낙타를 탈 수 있게 도왔다. 여섯 명 모두 짝꿍들이 이끄는 낙타를 타고 사막에 도착했다. 다시 추적추적 비가 내리기 시작했다. 사막에 비도 오는구나.

"시원하다. 햇빛보다 낫네요."

광석이 말했다. 보슬비가 내리다 말다 반복했다. 내가 조금이라도 불만을 가질 수 있는 상황에서 우리의 동행들은 '오히려 좋아'로 대했다. 그러면 나도 그런 것 같아졌다. 데이터가 터지지 않아서 할 수 있는 거라고는 대화를 나누는 것뿐이었다. 아짐이 펴준 얇은 돗자리에 앉아 쉬던 동행들이 하나둘 사라졌다. 사막 어딘가에 각자 자리를 잡고 사색에 잠겨 있었다. 박서우와 나도 동행들과 적당히 떨어진 곳에 자리를 잡고 누웠다.

"한국 가면 제일 먼저 뭐 먹을 거야?"

"아, 너무 고민돼!"

박서우가 행복하단 듯이 비명을 질렀다. 여행이 끝날 때쯤이면 우리가 늘 공식처럼 주고받는 이야기였다. 매번 비슷한 빨간 음식을 앞다퉈 얘기했지만, 이 이야기는 해도 해도 즐거웠다. 먹구름 낀 하늘에 먹고 싶은 스티커를 붙이며 쉴 새 없이 모래를 만지작거렸다.

짝꿍들이 우리를 불렀다. 모래 위에서 밀가루를 반죽하고, 인도에서 밥처럼 많이 먹는 빵인 차파티를 구웠다. 모래가 조금씩 들어가도 계속 구웠다. 옆에서는 미리 준비해 온 커리를 살짝 데웠다. 배고팠던 여섯 명은 원형 스테인리스 식판에 받은 차파티를 찢어 커리에 적셔 먹기 시작했다. 포크나 수저는 없었다. 모두가 자연스럽게 손으로 먹고 있었다. 당연히 모두 손을 씻지 못했지만, 누구 하나 손 닦고 싶다고 칭얼대는 사람이 없었다.

"하하, 모래가 계속 씹히네요."

모래가 계속 씹혔지만, 식판을 내려놓거나, 퉤퉤 하는 사람도 없었다. 다시 이 사람들을 한 명, 한 명 바라보았다. 아, 여기는 이런 사람들이 오는 곳이구나. 무던한 사람들. 모든 것을 받아들일 준비가 된 사람들. 있는 그대로 인정할 줄 아는 사람들. 비가 와도 사막 어딘가에서 혼자 사색할 수 있는 사람들. 낭만이 있는 사람들.

해가 지려고 하자, 짝꿍들이 잠자리를 만들기 시작했다. 낭만이 있는 사람들의 흔적이 묻은 담요와 베개를 깔았다. 베개의 출처 모를 자국들을 보는데 오늘 최대의 내적 위기가 찾아왔다.

> '차라리 커리를 엎지른 자국이라고 거짓말해줬으면 좋겠다….'

'오히려 좋아'가 통하지 않는 베개였다. 햇빛과 비에서 나를 지켜주었던 인도의 전통 스카프인 사리를 고이 접어 베개에 올렸다. 하루만 버티자.

별 아래에서 하나둘씩 잠들기 시작했다. 이 까만 하늘을 이불 삼아, 이 고운 모래를 침대 삼아 잠들어야 하는 낯선 순간을 좀 더 만끽하고 싶어 자꾸만 끔뻑거리는 눈꺼풀을 잡아당겼다. 별 하나하나와 눈을 마주치다가 인도에서의 3주를 곱씹어보았다. 인도라는 여행지와 인도에서 만난 사람들. 짜증이 나려고 하면 짜증 이상으로 내게 울림을 준 순간들. 처음 인도에 도착해서 '지저분하다', '시끄럽다' 생각했던 스스로가 교만하게 느껴졌다. 지저분하고 시끄럽다는 판단의 기준은 '나'였다. 이 안의 사람들에게는 생활일 뿐이고 잘 살고 있는데 여행이랍시고 와서는 툴툴대다니. 분명 인도의 어떤 모습은 도의적으로 안타까운 점도 있지만, 그저 며칠 머물다 훌쩍 떠날 내가 판단할 것이 아니었다. 이 안에 살아가는 사람들은 나보다 더 따뜻하게, 나보다 더 자주 웃으며 잘 살아가고 있으니까.

여자 셋이

여행을

떠나면

"졸업하면 뭐 하지?"

참기름장에 천엽을 찍어 먹던 박서우와 김하은이 나를 바라봤다. 만 22세 박서우의 자취방 냉장고에는 어머니가 보내주신 음식들이 늘 가득 차 있었다. 우리는 정기적으로 냉장고를 털어야 하는 박서우를 돕기 위해 그녀의 원룸에서 점심, 저녁을 해결했다. 오늘의 메뉴는 천엽이었다. 천엽이라는 단어도 처음 들어본 나와 달리 둘은 천엽 먹을 생각에 그날 아침 전공 수업 때부터 설레는 눈치였다. 수업이 끝나자마자 요란스러운 과잠 마찰 소리에 맞춰 리드미컬하게 원룸으로 뛰어 내려와서는 바로 접이식 테이블에 둘러앉아 천엽을 먹는데 내가 초를 친 것이다.

우리 셋은 경기도의 저 끝에 있는 안성시 삼죽면 진촌리의 자랑, 동아방송예술대학교 방송연예과 12학번 동기였다. 당시 졸업반이었지만 학교에 와서 배운 거라고는 밤새 연습하다가 매 학기의 말미에 공연을 올리는 것뿐이었기에 취직을 할 것도, 할 수 있는 것도 아니었고, 마음대로 연예인으로 데뷔할 수 있는 것도 아니었다. 우리는 서로에게 의지하며 휴학 한 번 없이 다이렉트로 졸업 직전까지 달려왔다. 우리가 사이좋게 팔짱을 낀 채 서로를 놔주지 않고 과잠을 교복처럼 입고 캠퍼스를 쏘다닐 때 다른 동기들은 군대에 가고, 취업을 하고, 데뷔를 하며 학교 밖에서 달리고 있었다.

"졸업부터 한 담에 생각하고, 이거나 먹어봐."
나보다 한 살 많은 박서우는 부산 사람이었다. 박서우는 미식가였다. 먹는 걸 좋아했고, 새로운 음식을 맛보는 걸 사랑했다. 그 사랑을 전도하고자 내 입술 앞까지 천엽을 들이밀었다. 나는 세차게 고개를 좌우로 흔들었다.

"음, 너무 맛있어!"
나보다 한 살 어린 김하은은 광주 사람이었다. 김하은은 안 먹는 게 좀 있었다. 주로 먹다가 체한 기억 때문에 아예 그 음식을 등진 경우였다. 호불호가 확실해서 안 먹는 음식은 독하게 안 먹었다. 안 먹는 음식에 천엽은 없는 듯했다.

"와, 생긴 게 쉽지 않은데? 냄새 미쳤다. 나는 둘한테 양보할게."

박서우와 김하은의 가운데에 낀 나는 서울 사람이었다. 나는 못 먹어본 게 많았다. 선배들에게 달려가 내 긴 머리가 바닥에 닿게 인사하기 바빴던 신입생 시절부터 동기들은 나를 끌고 다니며 막창, 순댓국, 족발, 돼지 껍데기, 똥집 튀김의 맛을 알려 주었다. 개중에 좋아하게 된 것도, 정말 많이 좋아하게 된 것도 있었다.

이렇게 고향부터 식습관, 성격도 다 다른 우리 셋은 늘 붙어 다녔다. 가장 풋풋하지만 가장 초라했던 그 시절에 우리는 늘 함께였다. 누구 때문에 설레고 마음 아파하는지, 어디서 알바를 하며, 어떤 머리 스타일이 잘 어울리는지, 치킨 먹을 때 어떤 부위를 가장 좋아하고, 어떤 잠꼬대를 하는지 서로에 대한 데이터들이 원치 않아도 툭툭 쌓아 올려졌다.

선배에게 이유 없이 혼나는 날에는 그 일을 안주 삼아 맥주를 마시고, 새벽까지 꾸벅꾸벅 졸면서 공연 연습을 하고, 자취방으로 내려오는 길에 피곤함도 모르고 또 깔깔대며 입냄새 섞인 웃음을 내뱉고, 공연을 마치고 무대에서 서로의 손을 잡고 커튼콜에 나오는 추억들도 차곡차곡 챙겼다. 하는 것 없이 바빴지만 함께여서 가장 즐거웠던 3년이라는 시간이 지나니 우리가 낀 팔짱이 제법 단단해져 있었다. 그런가 하면 제발 잊어줬으면 하는 추억도 서로 치열하게 기억해 내서 만날 때마다 처음 놀리는 것처럼 열정적으로 놀리기 바빴다.

"하은아, 오늘은 냉면 맛있게 먹네?"

"응?"

"그 선배랑 첫 데이트 때 냉면 맛없게 먹어서 너 까였잖아."

"갑자기 은영 언니 MT 조모임 때 오븐쿡 화장실에서 토했을 때 생각난다. 걱정돼서 내가 따라갔는데, 내 하얀 바지에 튀어 버리데? 취해서 '미안하다, 하은아' 하면서 두 손으로 닦던 게 엊그제 같은데."

"… 냉면 맛있게 먹어."

우리는 그렇게 함께 대학교를 졸업했다. 3년의 학교생활에서 남은 것은 내 옆의 소중한 사람들뿐이었다. 딱 하나 후회되는 것은 휴학 한 번 없이 졸업한 것. 만약 내가 휴학을 한 번이라도 했다면, 나의 학교생활은 조금 더 진중했을지 모른다. 그럼 장학금을 휩쓸었거나 아니면 서울대로 편입했을지도 모른다. 박서우와 김하은 때문에 나는 서울대에 편입하지 못했다. 나의 서울대 편입을 막은 두 사람은 졸업 후 각자 서울에 터를 잡고 돈을 벌거나, 하고 싶은 일을 하나씩 해보면서 20대를 일단 바쁘게 살았다. 나도 그랬다.

얼굴 근육이 너무 솔직한 나머지 인간관계에 서툴렀던 20대 초반과는 달리 20대 중반에 접어들면서는 싫은 사람 앞에서 밝게 웃을 줄도 알게 되었다. 사랑하는 척이 아니라 진짜 사람을 사랑할 수 있게 되었고, 세상을 좀 더 귀엽게 볼 줄도 알게 되었다. 나는 그렇게 조금씩 변했다. 지금 생각해 봐도 그때의 나는 리즈 시절이었다. 20대 중반의 김은영에게서는 분명 선명한 빛깔의 에너지가 뿜어져 나오는 것 같았다. 그런데 그렇게 한참 에너지를 뿜다가도 박서우와 김하은을 만나면 나는 다시 대학생 김은영으로 돌아가곤 한다. 어쩐지 이 사람들 앞에서는 어엿하게 변한 내 모습이 전혀 나오지 않았다. 깐깐하고 예민하며 나만의 잣대로 빠르게 남을 평가하고 선을 긋는, 이들을 처음 만났을 때의 찌질이 모습이 그대로 다시 나오곤 했다.

이렇게 20대 중반을 각자 바쁘게 보내던 중에 박서우와 나는 유럽 여행을 다녀왔고, 그 뒤로 나는 여행에 매료되었다. 그 뒤로 아르바이트를 하며 열심히 돈을 모았다. 생전 돈을 모아본 적 없는 나는 여행을 위해 엑셀에 가계부를 정리해 가며 돈을 모았다. 돈이 조금 모이면 훌쩍 여행을 떠나고, 다시 돈을 모아서 또 여행을 가고, 그렇게 혼자 여기저기를 다녔다.

"우리 언제 또 같이 여행 가지?"
진심이었지만 빈말이 되어가는 연락을 서로 몇 번이고 주고받았다. 각자의 생활에 적응해 가면서 우리는 예전처럼 붙어 있지 못했다. 점점 사는 게 바빠지고, 쉬는 것도 바빠서 붙어 있기가 힘들었다. 그럼에도 만날 때마다 언제나 여행 이야기가 화두였다. 여행은 하면 할수록 더 고파지는 요상한 성질이 있다. 굶주림에 못 이겨 얼마 전에 혼자 대만 타이베이와 태국 치앙마이를 다녀온 나는 내가 다녀온 이 루트대로 박서우와 김하은을 꼭 데려가고 싶었다. 참기름에 천엽 찍어 먹던 박서우와 김하은이라면 내가 맛봤던 음식들 모두 잘 먹을 거라고 확신했다. 3년 동안 서로 물들어버린 유머 코드와 감성이라면 내가 보았던 것들 모두 좋아할 거라고 확신했다. 이글거리는 내 눈을 보고 둘은 알겠다며 타이베이행 항공권을 예약했다.

빈말 같은 여행을 실행시키는 가장 확실한 방법은 항공권을 예약하는 거다. 내가 이끌어야 한다는 생각에 으쓱하기도, 부담스럽기도 했지만 오랜만에 셋이 얼마나 재밌을까 하는 기대로 여행 전부터 신나 있었다. 먹어도 먹어도 멀쩡한 탱탱한 위장 위에 얇은 티셔츠 하나만 걸치고 우리는 대만 타이베이에 도착했다.

문득 '3'이라는 숫자가 내 어깨를 툭 치고 지나갔다. 세 명이 다니는 여행은 방금 박스에서 꺼낸 새 아이폰을 대하는 것처럼 세심하게 어루만져야 했다. 예를 들어 택시를 탈 때 보조석에 한 명이 앉으면 뒷좌석의 두 명과 대화가 순탄치 않은 경우가 많다. 보조석에 앉은 한 명이 소외감을 느낄 수 있으니 눈치껏 번갈아 가며 보조석에 타려는 제스처라도 보여주어야 한다.

가장 중요한 것은 숙소다. 아침에는 각자 준비하기 바빠 상관없지만, 문제는 밤이다. 여행의 엑기스는 잠들지 않은 밤의 침대에서 탄생한다. 예전에 내가 먼저 잠든 다음 날 아침, 친구들끼리 침대에서 떠들었던 두 시간 분량의 이야기를 30초 요약본으로 들은 적이 있었다. 그 수다에 내가 끼지 못했던 것이 참 속상했었다. 하여, 숙소 안에 침대 세 개가 나란히 있는 트리플룸이라면 가장 베스트지만, 만약 침대가 두 개라면 웬만하면 나란히 있는 것이 좋고, 그게 어렵다면 서로 속삭이는 소리도 다 공유할 수 있고, 고개만 살짝 들어도 아이컨택이 가능한 한 공간 안에 있어야 한다.

사소하지만 또 은근히 위축될 수 있는 상황은 길을 걸을 때다. 셋이 나란히 걷는 것이 가장 좋지만, 그런 경우는 안성시 삼죽면 진촌리의 대학교에서 원룸으로 내려가는 새벽에나 가능한 일이다. 보통은 셋으로 시작해서 길이 좁아지면 둘과 하나로 쪼개지고, 둘은 또 기어코 재밌는 이야기를 시작한다. 혼자 남은 사람이 넉살이 좋다면 다급하지 않은 척 살랑살랑 뛰면서 자연스럽게 둘 사이에 들어가면 되지만, 그럴 때 나는 주로 괜히 주변을 구경하는 척하면서 귀는 둘의 대화를 놓치지 않는다. 여기서 짚고 넘어가야 할 점은 셋 중에 나 혼자만 '셋'이라는 여행에 대비한다는 것이었다. 박서우와 김하은은 별생각이 없었다.

별생각 없는 것처럼 둘은 입맛도 비슷했다. 어쩌면 그렇게 단 것을 좋아하는지, 내가 달다고 얼굴을 찌푸리면 둘은 눈을 마주치고 적당하다고 고개를 끄덕이며 서로 사이좋게 한 입씩 더 먹었다.

"맛있는데?"

"그치, 맛있지!"

넉살 실종 상태인 나는 맛있어하는 친구들 옆에서 은은하게 나를 에워싸는 소외감에 차라리 그냥 나도 맛있는 척할까 고민하기도 했다. 그리고 앞으로 맛에 대한 평가는 둘이 먼저 하고 난 뒤에 여론을 보고 마지막으로 해야겠다고 생각했다.

여행지가 정해지면 박서우는 그 지역에서만 먹어볼 수 있는 음식들을 서칭했다. 박서우가 찾아낸 음식들을 이야기하면, 주로 나는 두려워하고, 김하은은 흥미로워했다. 그럼 먹으러 가는 거였다. 셋 중에 둘이 먹고 싶어 하면 먹어야 하고, 셋 중에 박서우 혼자 먹고 싶어 하면 먹어야 했다.

"곱창 국수 먹으러 가자!"

"맞아. 곱창 국수 유명하댔어!"

둘은 행복해 보였다. 사실 나는 곱창 국수 비주얼이 끌리지 않아 '안 먹어도 상관없다' 주의였는데, 둘이 저렇게 신나서 엉덩이를 흔들며 줄을 서니 나도 곱창 국수에 마음을 열 준비를 했다. 곱창 국수 가게는 타이베이의 한 번화가에 있는 테이크아웃 전문점인데, 그 앞에 한국인을 비롯한 많은 외국인이 종이 그릇에 담긴 곱창 국수를 호호 불며 먹고 있었다. 셋이라서 좋은 점은 음식 하나를 시켜서 나눠 먹기 때문에 위장을 살짝 건드리는 정도의 포만감만 느낄 수 있다는 것이었다. 곱창 국수 하나에 건장한 여자 셋이 달려들었다. 처음 보는 음식에 대한 호기심이 남다른 박서우가 가장 먼저 한입 먹었다.

"오, 괜찮아! 가쓰오부시 넣어서 만든 걸쭉한 국물 같아."

그다음 김하은이 달려들려다가 나보고 먼저 먹으라고 플라스틱 수저를 양보했다. 〈소풍족〉 채널 모의 촬영 중이었기 때문이다. 양보받은 곱창 국수를 한입 먹었다. 비주얼은 좀비 도시에서 살아남은 것 같은 잿빛 갈색이라서 혼자 타이베이에 왔을 때는 먹어보지 않았는데, 두 여자 덕분에 입에 담가 요리조리 굴려보니 고소하면서 짭짤하긴 했다. 모두가 '네'라고 할 때, '아니요'라고 할 용기는 내 DNA에 없다. 둘의 여론에 따라 눈을 동그랗게 뜨며 적당히 유쾌하게 고개를 끄덕였다.

"오! 진짜 가쓰오부시 넣어서 만든 국물이네!"

나에게 물려받은 플라스틱 수저에 곱창 국수를 가득 담아 입에 넣은 김하은이 외쳤다.

'그럴 줄 알았어. 둘이 맛있어할 줄 알았어….'

셋이 함께 여행하면 확실히 둘일 때보다 더 즐거웠지만, 더 서운하기도 했다. 서운하다고 하기에는 너무 사소하고 조그매서 서운하다는 표현이 과분한 그런 꼬깃함들이다. 둘이라면 느끼지 않아도 될 옅은 꼬깃함들이 자꾸만 내 마음을 덮쳤다. 식당 테이블에 앉을 때 내 옆에 누군가 앉지 않으면 꼬깃함이 은은하게 올라왔다. 둘이 갔다면 누군가 내 옆에 앉지 않는 게 당연한데, 셋이 되었다고 이런 꼬깃함을 느끼는 게 부끄러웠다. 스스로가 속 좁고 나약하게 느껴졌다. 김하은이 혼자 셀카를 찍다가 가까운 거리에 있는 박서우와 자연스럽게 둘이 되고, 예쁜 표정으로 시작해서 익살스러운 표정으로 셀카가 마무리될 때까지 나는 셋이 되지는 못한 채 마음에 꼬깃함이 또 덮어졌다. 내가 꼬깃할 때 꼬깃하다고 말할 줄 아는 사람이었다면 꼬깃함을 느끼지도 않았겠지.

"우리 내일 아침에 이 식당에서 밥 먹자!"

식사는 여행의 거사이기 때문에 내일의 식사가 지금의 꼬깃함보다 중요했다. 크고 무거운 접시에 음식이 담겨 나오는 식당보다, 낡고 가벼운 접시에 음식이 담겨 나오는 로컬 식당을 좋아하는 나의 제안에 둘 다 흔쾌히 좋다고 답했다. 뷔페식으로 된 식당이었는데, 현지인들이 줄서서 먹는 것을 보니 분명 맛있을 거고, 둘 다 맛있어할 게 틀림없었다. 더위도 식힐 겸 편의점에 들어가서 이따 밤에 먹을 우육면 컵라면을 사기 위해 컵라면 매대 앞에 나란히 섰다.

"이게 제일 고기가 실하게 들어가 있는 거래."
그림만 대충 보고 하나 집어 든 나와 달리 박서우는 서칭을 통해 최고의 우육면 컵라면을 찾아냈다. 김하은은 집어 든 컵라면을 내려놓고 박서우의 컵라면으로 바꿀까 말까 고민했다. 우리는 세 개 다 먹어보자며 각자 다른 컵라면을 바구니에 넣었다.

"이거 계란 삭힌 거다! 송화단!"
독백이었다. 의도는 아니었으나 독백이 되었다. 우리가 찾던 송화단을 찾아서 "심봤다"를 외치는데 주변에 아무도 없었다. 분명 셋이 함께였는데 편의점을 구경하다 보니 혼자가 되었다. 나만 혼자는 아니겠지. 둘 다 각자 다니고 있겠지. 필히 그래야 할 것이야. 바람난 커플이라도 찾듯 두리번거리니 유제품 냉장고 앞에서 푸딩을 고르는 내연녀와 내연녀가 있었다.

우리 셋은 정말 달랐다. 박서우는 보통 서운해하지 않았다. 김하은은 서운해도 티 내지 않았다. 나는 서운하면 티가 났다. 이 쪼잔함을 들키고 싶지 않은데, 들키고 싶기도 했다. 셋 중 가장 최약체인 나는 혼자 서운했다가 풀었다가를 반복하며 오히려 더 쪼잔해지고 있었다. 분명 나는 변했는데, 사람들에게 사랑을 표현할 줄도 알고, 이해할 줄 아는 사람이 되었는데… 그런 사람이 되었다고 생각했는데….

아침이 밝았다. 잠귀가 밝은 박서우가 먼저 깨고, 박서우의 부스럭거림에 김하은도 깼다. 내가 골라둔 식당에 가기로 해놓고 나는 늦잠을 자고 있었다. 전날 새벽까지 식탁에서 일했던 나를 깨우기 미안했는지 둘은 침대에서 방황 중이었다. 침대에 한참 누워서 핸드폰을 만지던 둘은 먼저 일어났다.

"배고프다."
"어제 사둔 푸딩 먹을까?"

배고파진 둘은 어제 사 온 푸딩을 꺼내 먹었다. 나를 깨우더라도 나는 먹지 않을 푸딩이기에 둘은 나를 깨우는 대신, 내가 깨지 않게 조용히 푸딩을 먹기 시작했다. 몰래 먹기 챌린지라도 하듯이 나를 등지고 둘은 조심조심 푸딩의 껍질을 벗기기 시작했다. 서로 다른 푸딩을 까서 맛보며 음미하는데, 어제 편의점에서 맡았던 바람 냄새를 맡고 내가 깼다.

"뭐야? 언제 일어났어?"

눈 한쪽은 뜨지도 못한 채 부스스 말하는 나를 보고 둘은 몰래 먹기 챌린지에 실패했다며 박장대소했다. 대충 훑어보니 나만 모르는 어떠한 상황이 마무리된 것 같았다.

"아침 먹으러 가야지. 나 좀 씻을게."

물을 틀고 샤워를 하려는데 아침부터 또 꼬깃함이 올라왔다.

'그만, 그만!'

꼬깃함은 곱씹을수록 더 쫄깃해지기 때문에 억지로 다른 즐거운 상상을 하며 샤워를 마치고 나갈 준비를 시작했다.

"아, 배고프다."

"그래?"

"우리는 아까 푸딩 하나 먹었더니 엄청 배고프지는

않네."

배고프다는 나의 말에 둘의 반응이 미적지근했다. 평소라면 분명히 나처럼 배고프다고 징징대야 하는데 둘은 굉장히 평온했다. 이것조차 꼬깃했다. 둘과 다르게 나 혼자 다른 의견을 주장하는 듯한 느낌이 들었다.

"그럼 좀 이따 갈까?"

마음에도 없는 소리를 뱉었다. 얼굴에 퍼프를 두들기며 뱉은 말이기에 둘도 내 말이 빈말인 것을 알았을 것이다. 그리고 그 식당이 이른 오후에 마감하는 것을 알았기 때문에 선택지는 지금뿐이었다. 결국 다 같이 준비를 마치고 식당을 향하는데 내가 기대했던 텐션이 아니라서 나는 또 꼬깃했다.

'아침 먹어야 하는데 푸딩을 왜 먹은 거야.'

도착한 식당은 여러 가지 반찬과 메인 반찬을 고르는 시스템이었다. 박서우는 돼지갈비를, 김하은은 닭고기를 골랐다. 나도 돼지갈비가 먹고 싶었지만, 고등어를 골랐다. 어차피 셋이 또 나눠 먹을 테니까.

"하은아, 바꿔 먹을래?"

"그래!"

이게 무슨 소리야. 당연히 늘 그랬듯 셋이 나눠 먹을 거라고 생각했는데, 박서우가 김하은에게 바꿔 먹자고 했다.

'혹시 오늘 아침에 내가 놓친 게 있는 건가? 왜 둘만 바꿔 먹지? 나도 돼지갈비 먹고 싶은데!'
며칠 동안 너무 많은 꼬깃함이 쌓여서 결국 얼굴 근육이 고장 나기 시작했다.

"이런 식당은 뭐라고 하는 거야? 대만 친구한테 한 번 물어봐 봐."
내 얼굴 근육을 고장 낸 박서우가 내게 말했다. 그런데 내 표정이 이상하니 박서우가 당황한 눈치였다. 박서우는 머쓱한 듯 웃었다. 일그러진 얼굴 근육과 대답 대신 고개만 끄덕이니 드디어 박서우와 김하은은 나의 꼬깃한 냄새를 맡았다. 둘이 내 꼬깃한 냄새를 맡았다는 것이 나한테도 느껴지자 기다렸단 듯이 꼬깃한 냄새가 더 진하게 풍기기 시작했다. 박서우와 김하은이 내 눈치를 보자 나는 전세 역전이 된 것처럼 굴기 시작했다. 걷잡을 수 없는 꼬깃한 냄새 때문에 테이블에 숨 막히는 공기가 돌았다. 젓가락질을 쉴 틈 없이 해야 버틸 수 있을 것 같았다. 덕분에 빠르게 식사를 마친 우리는 숙소로 돌아가야 했다. 이대로 돌아가면 숙소에서 아무렇지 않은 척할 수는 없을 것 같았다. 숙소로 올라가기 전에 일단 피해야겠다는 생각이 들었다.

"나 여기 주변 좀 걷다가 들어갈게."

아무렇지 않은 척하는 표정으로 내 심각함을 알렸다. 둘은 알겠다며 순순히 나를 보내주었다. (후에 전해 듣기로는 내가 떠나자마자 "하은아." "맞지?"의 짧고 정확한 대화를 나눴다고 한다.) 나는 나를 위로하는 오토바이 소리를 들으며 정처 없이 걸었다. 어릴 적 내 별명이 생각났다. 아빠는 어릴 때 나를 '삐쟁이'라고 불렀다. 툭하면 삐져서. 사실 서운함, 꼬깃함이라는 그럴싸한 단어들을 적어 놓았지만 사실 나는 삐졌다. 박서우와 김하은이 좋은 사람이라는 것을 너무도 잘 알기에 더 마음 편하게 삐져버렸다. 나도 잘 알고 있다. 앞의 모든 상황에서 내가 삐지지 않을 수 있는 방법은 나다. 내가 그냥 한번 다가가면 되는데 그게 어려워서 이렇게 셋이 놀러 와서는 혼자 걷고 있다. 삐지지 않을 수 있는 조금 쉬운 방법은 없을까 생각했지만, 떠오르는 게 없었다. 왜 나는 내가 이렇게나 좋아하는 이 사람들에게 추한 모습을 보여주는 걸까. 당연히 안 그럴 거라고 생각하지만, 둘이 내 이야기를 하며 나를 미워하게 될까 봐 무서웠다.

땡볕에 오래 걸으니 정수리가 뜨거웠다. 이대로는 못 걷겠다 싶어서 편의점에 들어갔다. 사색하고 싶지만 오렌지 주스도 먹고 싶었다. 근심 어린 표정으로 어떤 걸 마실지 고민하다가 귀여운 팩에 담긴 오렌지 주스를 골랐다. 편의점 창가석에 앉아 오렌지 주스 팩에 동봉되어 있던 빨대를 꽂았다. 힘껏 빨았다. 목구멍으로 넘기자마자 울컥했다. 들이마신 오렌지 주스가 눈에서 저항 없이 깔끔하게 또르륵 흘렀다. 밖은 너무 더워서 흐를 눈물이 말랐었나 보다. 편의점 창밖에서 보이는 나를 상상하니 스스로가 청승맞은데 웃기기도 했다.

사실 꼬깃함은 김하은이 더 많이 느꼈을 것이다. 영상 촬영해야 한다고 매번 박서우와 내가 붙어 앉고, 김하은은 모르는 회의를 계속 주고받고, 송화단을 한 개 살지, 두 개 살지 실랑이를 벌이고, 촬영을 위해 똑같은 장소를 한 번 더 방문하기도 했다. 그럼에도 김하은은 괜찮다며 고개를 끄덕이거나, 내가 더워 보일 때는 내 머리를 매만져 주기도 했다.

'엄마, 아빠, 왜 이런 성격을 만들어 주셨나요. 저도 박서우처럼 삐지지 않거나, 김하은처럼 삐져도 티 내지 않는 사람이고 싶어요. 내 동생도 이럴까? 제발 동생만은 이러지 않았으면. 이런 거는 누나만 할게. 너는 쿨길만 걸으렴.'

하다 하다 엄마, 아빠 탓까지 하고 나니 그제야 겨우 내가 덜 싫어졌다. 여러 방면으로 왈칵 쏟아내고 났더니 위로가 되는 듯했다. 즐겁자고 큰돈 내고 온 여행을 내가 망친 것 같아 둘에게 미안했다. 외톨이가 되고 싶지 않았다. 더 이상 둘만 내버려둘 수 없었다. 이러다 둘이 내 이야기를 하다가 끝내 내 캐리어에 짐을 다 싸놓고 나가라고 할지도 몰라. 빨대를 한 번 더 빨았다. 두 번 빨았더니 끝나버린 어린이용 주스를 버리고 숙소로 향했다. 내가 들어갔을 때 둘의 표정이 어떨지 두려웠다. 상상만으로 이미 상처를 한 번 받고 숙소에 도착했다.

"딩동."

문이 열렸다. 슬로 모션으로 너무나도 천천히 박서우의 표정을 확인했다. 턱에 힘을 주어 호두를 만들고, 눈썹은 팔자였다. 나를 걱정했구나. 안도감이 들었다. 훨씬 더 친하고 편했던 박서우를 보며 아픈 듯이 웃고 김하은을 찾았다. 김하은은 나에게 다가오고 있었다. 앞머리를 고정하고, 화장한다고 입술 색을 다 죽인 상태였다. 박서우와 비슷한 표정이었다.

'나를 안 미워하고 있구나.'

둘의 표정에서 안도감을 느끼자 눈물이 첨벙첨벙 나기 시작했다.

"미안해애애애어어어어."

김하은에게 안겨 펑펑 울었다. 어린이용 오렌지 주스를 마셔서 그런가, 어린이처럼 목 놓아 울었다. 그래, 나를 좋아하는 사람들 앞에서는 어린이가 되기 마련이지. 김하은은 내 등을 토닥이며 달래주었다.

"왜 울어, 괜찮아."

김하은 너머로 보이는 박서우는 이 좋은 이벤트를 놓칠 수 없으니 카메라를 들어 촬영하기 시작했다. 박서우는 내가 운다고 낄낄거렸다. 짜증 나지만 동시에 마음이 편해졌다. 편해진 만큼 더 크게 울었다. 미안하다는 말도 종종 섞어가며 계속 울었다. 김하은의 품에서 문득 아까 같은 상황에서 삐지지 않을 수 있는 아주 쉬운 방법이 떠올랐다. "하은아, 바꿔 먹을래?"라는 말에 "나도!"라고 바로 외치면 된다.

나도!

우리는 결국 ~~~~

모든 걸

_____ 내려놓았다

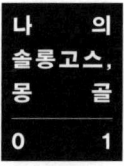
나의
솔롱고스,
몽 골
0 1

내 이름은 솔롱고스, 무지개라는 뜻이에요.

몽골 사람들은 한국을 솔롱고스라고 부르죠.

무지개처럼 아름다운 나라.

무지개처럼 꿈을 좇아 여기 왔어요.

뮤지컬 〈빨래〉 중 '내 이름은 솔롱고' 넘버의 가사다. 대학교 3학년이었던 나는 혜화동의 작은 극장에 앉아 인생에서 처음으로 몽골이라는 나라를 떠올렸다.

'정말 몽골 사람들이 한국 사람과 비슷하게 생겼나?'

'맞아, 한국의 족보를 거슬러 올라가다 보면 몽골과 겹친다던데.'

'몽골은 춥고 건조해서 사람들 볼이 빨갛지 않나?'

'초원이 드넓어서 시력이 정말 좋다던데.'

수업 시간에 주워 들었던 몽골을 머릿속에 그려보다 솔롱고 배우의 쩌렁쩌렁한 열연에 그마저도 멈추었다.

그리고 4년 뒤 몽골 여행을 떠났다. 그즈음 몽골은 뜨는 여행지 중 하나였다. 가고 싶었다. 이유는 그뿐이었다. 네이버의 몽골 카페에서 하나둘 모이게 된 동행들과 함께였다. 인천공항에서 나까지 여섯 명이 모여 어색하지만, 경험으로 다져진 너스레를 떨며 인사를 마치고, 4시간의 조용한 비행을 거쳐 울란바토르 공항을 빠져나왔다.

입이 다물어지지 않았다. 얼굴의 모든 구멍이 다 확장되기 시작했다. 파란색과 초록색이 나란히 있는 이 모습을 이렇게 기다랗게 본 적이 있던가. 없다. 도무지 움직일 것 같지 않은 들판과 하늘만으로도 당장 한국으로 귀국당해도 서운하지 않을 지경이었다.

6일 동안 우리와 함께한 가이드 '대기' 언니는 자주색 뿔테 안경을 끼고 있었다. 옆에서 얼핏 봐도 렌즈 속의 얼굴이 이따만큼이나 왜곡돼 있었다. 몽골인이라고 전부 시력이 좋은 게 아니라는 선입견을 깨준 대기 언니와 나의 광대짓에 폭소해 주던 동행들과의 투어를 끝내고 투어사의 게스트하우스에서 아침을 맞이했다. 눈이 초롱초롱한 몽골 청년이 수줍게 인사를 건넸다. 김치찌개를 끓이고 있는데 좋아하냐고 내게 물었고, 당연히 "당연하다"라고 답했다. 울란바토르에 도착한 첫날에도 우리에게 블루투스

마이크로 노래를 불러주던 청년이었는데 김치찌개도 잘 끓이다니. 그러고 보니 이름도 안 물었네.

"이름이 어떻게 되세요?"

"제 이름은 빌게예요."

그리고 4년 뒤, 다시 몽골에 도착했다. 이번에는 박서우, 빈연주, 조은희 그리고 나로 이루어진 미녀 군단이었다. 우리 넷은 대학 동문으로 박서우와 나는 동기이고, 빈연주, 조은희는 한 학번 후배다. 학교 다닐 때는 친하지 않은 후배들이었는데 2년 전 우연히 친해져 몽골까지 동행하는 사이가 되었다.

이 여행이 특별했던 점은 21박 22일의 대장정이라는 것이었다. 유일한 몽골 경험자인 나도 6일 다녀온 경력이 전부인데 무려 그의 세 배라니. 기간도 기간이지만 비용도 문제였다. 몽골 투어 비용은 기간에 비례한다. 오래 여행하면 가격이 높아진다. 하여 비용을 아끼기 위해 일정 중간중간에 노지 캠핑을 섞어야 했다. (이 경험을 통해 돈을 많이 벌어야 하는 이유를 깨달았다.) 침낭과 깻잎 통조림, 볶음 고추장, 컵라면 등 이 척박한 일정에서 살아남기 위한 각자의 아이템들로 뚱뚱해진 캐리어를 끌고 우리는 울란바토르 공항 밖으로 향했다.

안녕하세요, 저는 빌게입니다.

빌게는 4년 동안 잊을만하다 싶으면 내게 안부 메시지를 보냈다. 인스타그램에서 서로의 근황을 구경하고 있었는데도 빌게는 굳이 카카오톡으로 인사를 건넸다. 요즘 젊은이들은 인스타그램으로 연락하는 게 더 자연스럽다지만, 나 때는 인스타그램은 구경용이었고 연락을 주고받는 것은 카카오톡으로 하는 것이 자연스러운 정서였다. 그 정서까지 파악하고 따로 연락을 해주는 것이 새삼스럽고 또 고마웠다. 6일 동안 같이 여행한 대기 언니와는 연이 끊긴 지 한참인데 게스트하우스에서 잠깐 봤던 빌게와 여전히 새해 인사를 주고받고 있다니. 그렇게 1년에 한 번씩은 연락하는 끈끈한 사이였기 때문에 빌게는 우리와, 우리는 빌게와 스물한 번의 밤과 스물두 번의 낮을 함께하기로 했다.

4년 전과 같은 풍경 앞에서 미녀 군단과 빌게는 인사를 주고받았다. 내가 빌게를 처음 본 날 느꼈던 초롱초롱한 신뢰를 나머지 멤버들도 비슷하게 느끼고 있는 눈치였다.

한결같은 몽골의 풍경처럼 빌게도 4년 전과 똑같았다. 부풀어있는 파마머리와 빨간 양 볼, 악의 따위는 없다고 소리 지르는 눈빛. 다른 거라고는 어느새 투어사를 차린 사장님이 된 것과 어여쁜 아내와 딸 그리고 아들까지, 어엿한 가정을 이룬 남자가 된 것이었다. 꽤 달라졌네.

몽골 여행은 크게 두 개로 나뉜다. 사막을 볼 것이냐, 호수를 볼 것이냐. 사막은 남쪽에 있고, 호수는 북쪽에 있다. 한 곳만 다녀와도 최소 일주일은 필요했다. 우리에게는 22일이라는 거대 자본이 있기 때문에 사막과 호수, 다시 말해 고비와 홉스골 모두 다녀오는 일정을 짰다. 울란바토르는 몽골의 가운데에 있기 때문에 먼저 고비로 내려갔다가 홉스골로 올라가서 다시 울란바토르로 내려오는, 크게 한 바퀴를 도는 숨 가쁜 여정이었다. 푸르공에 몸을 싣고 서울의 반의 반만큼 빽빽한 울란바토르를 벗어나자마자 기대하던 광활한 자태가 펼쳐졌다.

　'그래, 몽골은 이 맛이지.'
몽골이 내 땅도 아닌데 가방에서 최신 필통을 꺼내 주섬주섬 자랑하는 아이처럼 그녀들의 탄성이 들릴 때마다 앞 광대가 으쓱해졌다.

'어때, 멋지지?'

나는 어디 가서 멀미로 꿀려본 적 없었다. 멀미 하나만큼은 자신 있었다. 러시아 군용차로 만들어진 푸르공은 오프로드에 최적화돼서 승차감은 매우 구리며, 멀미까지 유발한다는 풍문이 있었다. 하지만 풍문은 풍문이었다. 적어도 나에 한해서는. 아침에 복용한 멀미약이 민망할 정도로 멀미는 전혀 나지 않았다. 고집불통인 도로 때문에 엉덩이만 고통받을 뿐이었다. 푸르공에 가만히 앉아서 6시간을 보낸 어떤 날에는 어플이 1만 보를 걸었다고 인식할 만큼 고관절과 치골이 신나게 춤을 추었다. 데굴데굴. 푸르공이 아무리 빨리 달려도 창밖의 풍경은 변할 줄 몰랐다.

한참을 달리다 허허벌판에서 운영 중인 식당에 멈췄다. 겉으로 보기에는 식당이라는 생각이 들지 않을 만큼 미완의 건물이었다. 푸르공에 내리자마자 다리를 배배 꼬는 우리를 발견한 빌게는 두툼한 검지로 뒤편을 가리켰다. 뒤를 돌아본 그녀들의 뒤통수에 물음표가 피었다.

'화장실이 어디 있다는 거지?'

저 네모난 것이 화장실일 거라고는 생각하지 못하는 듯

했다.

울란바토르를 떠나면 일단 양변기라는 것은 잊는 게 좋다. 그러는 게 정말로 심신 안정에 좋다. 울란바토르 밖에서 양변기를 발견하게 된다면 돌연변기다. 우리는 돌연변기보다 화변기를 더 많이 만날 것이다. 하지만 그마저도 눈치챌 수 없을지도 모른다. 몽골식 화변기는 USB 포트처럼 평평한 나무 바닥에 화변기만 한 구멍이 있는 모양새다. 그 깜깜한 구멍 아래에는 사람들의 고독한 싸움들이 쌓여있다.

나무에 못을 박아 만든 이 친환경 화장실은 참으로 곤란하게 두 칸인 경우가 많다. 웬만하면 한 명씩 쓰는 게 그림이 좋겠지만, 언젠가 너무 급했던 날에 밝은 머리의 외국인 여자와 내가 나란히 들어갔던 적이 있었다. 여자는 사자후처럼 "에우"를 연달아 외쳤다. 본인도 그러면 안 되는 걸 알지만 제어가 안 되는 듯했다. 나는 고등학교 때까지 화변식 키즈였기 때문에 강경 반대파는 아니었다. 하지만 졸업하고 시간이 꽤 지났기 때문에 화변식과 다소 어색한 것도 사실이었다. 나 역시 쉬운 마음으로 들어온 건 아닌데, 나무 틈 사이로 선명히 들려오는 "에우"에

압도당해 식은땀만 발밑으로 흘려보냈던 기억이 있다. 그만큼 몽골 입문자에게는 쉽지 않은 화장실이었다. 삐걱. 박서우가 코를 막고 손가락 하나로 나무 문을 힘껏 밀었다. 뒤를 돌았다.

"안 되겠는데."

사람을 무섭게 만드는 방법은 여러 가지가 있다. 그중 하나는 가장 용감한 사람이 무너지는 것이다. 그런데 지금 박서우가 공포에 질렸다. 넷 중에 가장 씩씩한 박서우의 도리도리로 빈연주가, 조은희가 그리고 몽골 유경험자인 나까지 무너졌다. 1보 전진을 위한 2보 후퇴. 차라리 노상방뇨로 틀자. 등잔 밑이 어둡다는 속담으로 세상의 지혜를 배운 나는 화장실 바로 옆으로 그녀들을 안내했다.

"내가 먼저 쌀게."

주저하는 여인들을 위하여 몽골 유경험자인 내가 나섰다. 당황스러움과 존경이 뒤섞인 눈알 여섯 개가 나를 향했다. 허리춤을 만지작거리니 셋이 일제히 뒤를 돌았다. 어딘가로 떠날 줄 알았던 셋은 그 자리 그대로 서 있었다. 군대라고는 예능에서 본 게 다지만, 전우애가 이런 걸까. 도로 끝에 더 이상 차가 오지도 가지도 않는 것을 확인하고 풍성한 풀 뒤에 쪼그려 앉았다. 이 또한 흘러가리라.

내 인생 처음이자 마지막인 쉬한 영향력이었다.

이날 우리는 풀 위에 모든 걸 내려놓은 사람들처럼 차츰차츰 몽골의 화장실 시스템에 적응하기 시작했다. 습하지 않은 게 어디냐며 손에 휴지를 묵직하게 두르고 성큼성큼 걸어 들어갔다. 이제는 삐그덕대는 나무 위에서 제법 힘을 쓸 줄도 알았다. 푸르공을 타고 한참을 달려도 화장실이라는 것이 나오지 않을 때는 둘씩 팀으로 움직였다. 까만 우산을 하나씩 챙겨서 푸르공을 등지고 오래 걸었다. 꽤 걸어왔다고 생각했는데도 뒤를 돌면 푸르공과 빌게, 드라이버 모덤, 매니저, 이 남자 세 명이 여전히 시야에 들어왔다. 걷고 또 걷고, 걷다가 박서우와 타협하여 발걸음을 멈췄다.

"더 멀리 가도 어차피 빌게랑 모덤 시력이면 다 보여."

나는 애써 다른 일에 집중하는 남자들을 주시하면서 박서우 뒤에 섰다. 우산을 펼쳐 바닥에 내려놓고 이 난처한 환경에서 최대한 집중해 보려고 노력했다. 역시 안 되는 건 없다. 우리는 계속 성장했다. 경지에 다다랐을 때에는 취향에 따라 움직였다. 소리가 요란스러운 나무판자 위에 오르는 것을 선호하는 사람이 있고, 쾌적한 하늘 아래 쪼그려 앉는 것을 선호하는 사람이 있었다. 성장도 어느 정도 하면 멈춰야 하는데 우리는 멈출 줄 몰랐다.

빛이라고는 까만 하늘에 수놓아진 별뿐이었던 밤이었다. 보드카에 알딸딸하게 취한 우리는 지금 꼭 넷이 함께 해결하고 싶었다. 외투 주머니에 휴지를 구겨 넣고 함께 숙소에서 비틀비틀 걸어 나갔다. 남자 숙소와도 꽤 거리가 먼 곳에 다다랐다. 불쾌하지 않으면서 동시에 외롭지 않을 만큼의 간격으로 사각 대형을 맞췄다. 각자의 꼭짓점에 서서 핸드폰 플래시를 껐다. 눈앞이 깜깜하다는 말이 지금 우리를 위해 만들어진 게 아닌가 싶을 정도로 뵈는 게 없었다. 이 상황이 왜 이렇게 웃긴지, 꼭짓점에서 시작되는 웃음들이 끊이질 않았다. 바지 내리는 소리가 들리자 우리는 더 큰 웃음으로 덮어버렸다.

여행에서는 가끔 이렇게 미친 짓을 하는 맛이 있다.

고비 (Говь)는 ~~~~~

말 그대로

―――― 고비 (苦比)다

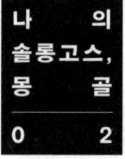
나의 솔롱고스, 몽골
0 2

나는 여행을 떠나면 늘 많이 먹고, 많이 걸었다. 걷고 또 걸어도 위 안에 있는 것들을 소화해 내지 못해 허리춤을 탱탱하게 만들곤 했다. 배를 짓누르는 바지가 항상 여행의 결말이었다. 몽골 여행을 하기 전까지는.

"선배님, 얼굴이 핼쑥해졌는데요?"
조은희 후배님과 빈연주 후배님은 졸업한 지 10년이 다 돼가는데도 나를 꼬박꼬박 선배님이라 불렀다. '언니'라고는 느끼해서 못 부르겠다는 매콤한 그녀들에게 강요하고 싶지는 않았다. 아무튼 내 얼굴이 핼쑥해졌다. 놀랍지는 않았다. 4년 전 몽골 여행에서도 나는 핼쑥해졌었다.
"나 고추장 좀 주라. 밥 비벼 먹게."
"현선아, 와사비 있니?"
"아, 배불러."
그 시절에도 나는 식당에 앉아 보통 이런 말들을 내뱉으며 3분 안에 식사를 끝냈다. 평소 양꼬치를 좋아해서 양고기도 잘 먹을 줄 알았는데, 몽골 양고기는 달랐다. 몽골 유목민들은 초원에서 양을 기르며 산다. 의식주 중에 의식을 해결해 주는 양은 오래오래 기르는 것이 좋다. 양털로 옷을 만들고, 양젖으로 유제품을 만들어 먹고, 양고기로 식량을 해결한다. 그래서 6개월에서 1년 사이의 어린 양을 먹는 한국과 달리 몽골에서는 4년에서 6년 사이의 양을 먹는다. 고기를 매우 좋아하지만 진한 육향은 선호하지 않는 나는 성숙한 몽골 양고기의 눅진한 향에 기가 눌려버린 것이다. 덕분에 누군가는 이별 후에도 잃지 못하는 식욕을 나는 몽골에서 꽤 편히 잃어버렸다.

4년이 지나도 몽골은 여전했고, 나도 여전했다. 식당 옆 작은 헛간에서는 남자가 앞치마를 두르고 양고기를 손질하고 있었다. 냉장 시스템 하나 없이 실온에서 맨손으로 고기를 내려치는 장면이 흥미로워서 한참을 구경하다 식당에 들어섰다. 문을 열자마자 4년 전 그 향기가 코를 타고 들어왔다.

"오, 반쉬 맛있는데?"

"그죠? 괜찮죠?"

박서우와 빈연주가 잘 먹는다. 박서우는 예상했지만, 빈연주도 잘 먹을 줄이야. 맞은편에 앉은 조은희를 바라보니 거울을 보는 것 같았다. 나보다 식욕을 더 잃어버린 듯했다. 아니, 잃어버렸다는 것은 찾고 싶은 욕망을 내포하는데, 조은희는 식욕을 버렸다고 표현하는 것이 적절했다.

"우와, 둘이 몽짱이네."

캐릭터화하는 것을 좋아하는 나는 첫날부터 편을 갈랐다. 몽골 음식을 잘 먹는 몽짱 그리고 잘 못 먹는 몽찔이. 박서우와 빈연주는 몽짱, 조은희와 나는 몽찔이. 방금 만들어낸 것치고 단어가 너무 귀여워서 여행 내내 몇 번이고 육성으로 내뱉었다. 신기하게도 몽짱들은 몽짱이라고 부르면 부를수록 점점 더 몽짱이 되어갔고, 몽찔이들은 몽찔이라고 부르면 부를수록 점점 더 몽찔이가 되어갔다. (여행이 끝나고 한참 뒤, 박서우는 그만 먹고 싶을 때도 몽짱이라는 직책의 책임감 때문에 더 먹을 때도 있었다고 내게 고해했다.)

시간이 지날수록 납작해진 몽찔이들의 목구멍은 도통 열릴 생각이 없었다. 맛보다는 요리해 준 사람에 대한 예의로 먹는 느낌이 강했다. 점점 더 핼쑥해져만 갔다. 점점 더 미모에 물이 오르고 있었다. 살이 빠지는 여행이라니, 개이득이잖아!

여느 다른 여행에 비해 몽골 여행은 걷는 양이 현저히 낮았다. 푸르공을 타고 4시간을 달려 식당에서 점심을 먹고, 다시 푸르공을 타고 3시간을 달려 게르에 도착해서 짐을 풀고 저녁을 먹는 루틴을 반복하는 것이 몽골 여행이다. 푸르공 안에서 엉덩이로 쿵작쿵작하는 거 말고는 활동량이 현저히 낮음에도 살이 빠지고 있는 걸 보면서 다이어트는 식단이 9할이라는 말을 맹신하기로 했다.

푸르공 밖의 풍경이 점점 노래지고, 양보다 낙타가 많이 보이더니 곧 고비 지역의 홍고린엘스에 도착했다. '고비'는 몽골어로 '황무지'라는 뜻이다. 한국인들이 몽골 여행에서 가장 기대하는 것이 이 황무지가 아닐까 싶다. 사람은 늘 결핍을 좇는 법이지. 한국에서는 보기 힘든 드넓은 초원과 사막. 이 두 가지가 사람들을 몽골로 이끈다.
고비 지역은 뜨겁고, 건조하다. 낙타들이 화려한 안장을 입고 껌 씹듯이 풀을 먹고 있다. 녀석들의 똥 냄새도 꽤 구수하게 느껴진다. 낙타 뒤로 눈에 밟히는 것 전부가 뽀얀 사막이다. 햇빛의 강렬함도 습하지 않으니 뭉근히 버틸 만하다. 특별한 소음이 없어서 모래 밟는 소리와 낙타가 꼬리를 흔드는 소리가 적나라하게 들린다.

'멋있다.'

또 보아도 멋있는 고비의 미장센에 나도 모르게 설레 버렸다. 지금 설렐 때가 아닌데. 고비는 마치 장미처럼, 아름다운 만큼 따끔하다. 바라보기에는 우아하기 그지없지만 저 위에 맨발을 얹는 순간 고비(Говь)는 말 그대로 고비(苦比)가 된다.

생각해 보면 '모래'나 '사막'이 들어가는 속담은 뭔가 늘 어렵고, 좀처럼 일이 잘 풀리지 않는 상황을 빗대는 경우가 많다. '모래 위에 집 짓기', '모래에 물 붓기', '사막에서 바늘 찾기', '사막에서 길 찾기'. 몽골 여행은 이 풀기 난해한 모험에 올라서겠다고 나선 거나 다름없다.

사막과 노을이 만나면 낭만은 두 배가 되기 때문에 우리는 노을 지기 1시간 전에 사막의 시작에 섰다. 모두 신발을 벗고 커다란 잡초 밑에 숨겼다. 우리 말고는 사람도 없지만 어떤 안목 좋은 짐승이 나타나서 우리의 귀여운 크록스를 가져갈지도 모르니까. 타고 내려올 썰매를 하나씩 손에 끌고 예정된 시련에 발을 내디뎠다. 내딛자마자 발이 모래 품에 안겨 발목만 보였다. 시간이 지나면서 걷는 속도는 줄어들고 시끄러운 호흡만 가득해졌다. 빌게만 떠들었다.

"포기하지 마십시오! 정상이 저기 보입니다!"

'정상은 처음부터 보였거든요….'

빌게는 이 사막이 등굣길이었는지 전혀 힘들어 보이지 않았다. 힘들어하는 우리를 보면서 웃다가 머쓱해져서 웃음기 머금은 응원만 외칠 뿐. 분명 숨에는 한계가 없을 텐데 더 이상 숨을 못 쉴 것 같은 기분이 들자, 하나둘 모래에 누워 뒹굴기 시작했다. 주머니에 핸드폰이고 나발이고 나 사는 게 먼저다. 별로 높아 보이지도 않는 모래 산인데 이렇게 힘들다고? 경사가 가팔라지자 근력이 창창한 사람들과 근력이 암울한 사람들의 격차가 벌어졌다. 고개를 박고 모래에 꽂혔다, 빠졌다 무한 반복하는 발을 보면서 목뼈를 찬찬히 펴면 조은희와 박서우의 엉덩이만 보였다.

'씩씩한 대둔근과 햄스트링을 가졌구만.'

씩씩거리는 내 옆에서 빈연주는 네발로 기어 올라가기 시작했다.

"이제 진짜 고비예요…."

제대로 먹은 것도 없는데 기특하게 선두 그룹으로 올라가고 있던 조은희가 속삭였다. 어쩜 이렇게 이름도 극적이게 고비라고 지은 걸까. 쉬고 있는 박서우와 조은희를 보니 왠지 따라잡을 수 있을 것 같아서 나름 속도를 냈는데 빠른 속도로 힘이 빠지고, 그녀들은 다시 오르기 시작했다. 에라이. 바람은 또 왜 이렇게 많이 부는지. 아까보다 더 멀어진 우리 사이에는 그녀들의 발자국이 만들어 낸 길이 펼쳐져 있었다. 주의할 점은 선조들이 밟아 놓은 이 길을 피해 걸어야 한다는 것이다. 한번 밟은 모래는 더 연약해져서 발이 더 많이 빠지니까. 발자국 옆을 밟고, 빼고, 다시 밟고, 빼고.

"화이팅!!"
"정상이다!"
정상에 도착한 박서우와 조은희의 환호 소리가 들리자, 허벅지에 부스터가 달린 것처럼 힘이 나기 시작했다. (속도는 같았다.) 영차영차. 영차. 여엉차아. 여어어어엉차아아아. 도착.

"헉… 헉… 헉…"
저 둘은 소리를 어떻게 지른 거지? 따가운 숨밖에 안 나오는데.

"아야!"
숨만 따가운 게 아니었다. 볼도 따가웠다. 막아 줄 게 하나 없는 정상에서 모래바람이 미친 듯이 펄럭거리기 시작했다. 정상에서의 성공을 만끽하기는커녕 거센 바람 때문에 이도 저도 못 하고 전부 정상에 깃발처럼 박혀 있었다. 바람의 비트가 너무 빨라서 우리 옷을 벗기려는 게 아닐까 싶을 정도였다. 보통 정상에 앉아서 엉덩이를 모래에 쑤셔 넣고 지는 해를 보며 사진도 남기고, 청춘 타임을 갖는 게 낭만인데 이대로는 불가능했다. 각자 가져온 썰매를 타고 급히 하산하기로 했다.

하나가 안 되면 꼭 둘도 안 된다. 모래 썰매도 마음처럼 시원하게 내려가지지가 않았다. 그냥 뛰어 내려가는 게 더 나을 정도로 모래 썰매의 애티튜드는 처참했다. 어떻게든 신나게 타보려고 엉덩이를 통통 튀기며 자세를 고치던 박서우의 썰매에서 아픈 소리가 났다. 빠각. 박서우의 엉덩이를 기준으로 딱 두 동강이 났다. 금이 가거나 반만 부서지거나 하는 그런 애매한 거 말고, 확실한 두 동강. 소리가 얼마나 컸던지 바람 소리를 이기고 내 귀에까지 선명하게 들어왔다.

"하하하하하하하하하하!"

먼저 내려가 있던 조은희와 빈연주의 웃음소리도 바람을 타고 선명하게 들렸다.

"내가 한 거 아니야…. 원래 이렇게 돼있었어…."
혼자 타던 썰매가 부서진 게 본인 탓이 아니라는 30대의 변명을 듣자니 안 웃을 수가 없었다. 묻지도 따지지도 않고 그냥 실컷 웃었다. 박서우는 연두색 썰매 한 조각씩 양손에 쥐고 날개라도 단 듯이 훨훨 뛰어 내려가기 시작했다. 내가 상상했던 낭만에, 상상했던 사진에 저 꼴은 없었다. 아무렴 어때. 이렇게 즐거운데. 언제부턴가 어그러지는 것에 면역이 생겼다.

올라가지 않은 사람들은 절대 볼 수 없는 것이 있다. 더운 숨을 몇 번이고 내뱉고, 모래 먼지가 섞인 땀을 흘리고, 축축 처지는 근육을 달래서 꼭대기에 두 발을 꽂은 사람만이 볼 수 있는 것이 있다. 해낸 사람만이 마시고 웃을 수 있는 허무한 오아시스가 그 위에 있다.

불편해야

낭만이지

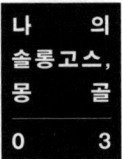
나의 솔롱고스, 몽골
0 3

"몽골에 가라면 다시 갈 수 있어?"
내가 만든 몽골 영상으로 몽골을 배운 친구가 개구진 눈빛으로 질문을 던졌다. 인생 통틀어 몽골에 세 번 다녀온 내가 몽골에 다시 못 갈 리가.
"당연하지. 대신 게르에서만 자면."

몽골의 유목민들은 주로 여름과 겨울에 이사 다니는 삶을 산다. 극단적인 몽골의 기후에서 살아남기 위해 여름에는 풀이 가득한 곳을, 겨울에는 바람을 피해줄 수 있는 따뜻한 곳을 찾는다. 마음에 드는 터를 찾기 위해 걷고 또 걷다가 지금 밟고 있는 이 땅에 살겠노라고 걸음을 멈추고 집을 짓는다. 나무 프레임을 동그랗게 엮고, 그 위에 양털로 된 두꺼운 천을 덮으면 그들의 보금자리인 게르가 완성된다. 유목민들이 거주하는 게르 안에는 주방, 거실, 침실이 있다. 분리되어 있지 않은 그 동그란 공간에 주방, 거실, 침실이 분명히 나뉘어 있다.

반면 여행객들이 묵는 게르는 보통 싱글 사이즈의 침대가 4~6개 있고, 중심에는 장작 난로가 버티고 있다. 침대는 실내에 있는 걸 당연하게 여기며 살아왔는데, 물론 게르 안에 있긴 하지만 흙 위에 놓인 침대는 영 어색하다. 게르에서 묵을 때는 보통 전기를 사용할 수 없고, 화장실은 밖에 있고, 문을 열고 들어서면 묵직하게 퍼지는 양고기 냄새 때문에 어지간히 불편하다. 집이라면 자고로 안락함을 선사해야 할 의무가 있는데, 나한테 게르는 편하지 않았다. 몽골에서 노지 캠핑을 경험하기 전까지는.
몽골 여행 21박 경비는 당시 구독자 수 1만 명의 가난한 유튜버였던 우리가 감당하기에는 숨이 차오르는 금액이었다. 대충 우리의 상황을 눈치챈 빌게가 여행 중간에 노지 캠핑을 끼워 넣자고 제안했다. 아름다운 초원에서 노지 캠핑이라니. 한국에서는 뷰 좋은 곳에서 캠핑하려면 사이트값을 내야 하는데 돈도 안 내고 할 수 있다니! 몽골과 노지 캠핑을 나란히 놓고 보니 이보다 더 싱그러운 청춘이 없고, 이보다 더 진한 낭만이 없는 듯했다. 게다가 나는 강릉에서 한 번 노지 캠핑을 경험해 봤던지라 할 만하다고 생각했다. 강릉은 한국이었고, 깨끗한 공중 화장실이 있었고, 단 1박뿐이었던 것을 까맣게 잊고서.

"별걸 다 해본다, 우리."

"그러게요."

청춘과 낭만은 불편과 고단으로 빚어진다. 저 너머가 밤하늘인지, 지금 여기가 밤하늘인지 헷갈릴 만큼 깜깜한 텐트 아래서 눈 네 쌍이 끔뻑거렸다. 인간은 적응의 동물이라던데 축축한 노지 캠핑 앞에서는 꼼짝없이 부적응의 인간이 되어버렸다. 아무리 피로에 찌들어있어도 좁은 텐트 안에서 건장한 여자 넷이 다닥다닥 붙어 누워있으니 쉬이 잠들지 못했다. 감기에 걸리지 않기 위해 잠옷 위에 두꺼운 옷을 겹쳐 입고, 침낭에 간신히 몸을 구겨 넣은 채 답답한 호흡을 반복하다 보면 어느새 KF94 마스크는 숨으로 젖어버렸다.

"우리가 또 이런 경험 언제 해보겠어요?"

"아마 내일 또 할걸?"

"아, 그렇구나! 내일도 캠핑이구나!"

기력 없는 나의 농담에도 셋은 힘없는 웃음을 피워주었다. 점점 말소리는 줄고 핸드폰을 주머니에 넣는 소리가 차례대로 들려왔다. 각자의 리듬으로 내뱉는 숨소리가 텐트 안을 채웠다. 내 몸의 모든 근육이 이완될 때쯤 꿈을 꿨다. 하얗고 폭신한 베개에 볼을 묻고, 발등으로 뽀송한 이불을 비비는 향기로운 꿈을. 두 개의 텐트와 푸르공이 나란히 선 오늘의 집에는 달이 빛을 내는 소리만이 드리웠다.

"오늘은 여기에서 자겠습니다."
빌게의 말에 오늘의 잠자리를 살폈다. 이 축축한 풀 위가 오늘의 집이구나.
"빌게, 여기 똥이 엄청 많아요."
"몽골 사람들은 동물 똥을 똥이라고 생각하지 않아요. 풀이라고 생각해요."
"오, 빌게! 몽골 사람 같아요."
된소리를 잘 발음하지 못하는 빌게 눈에는 풀밖에 보이지 않는 듯했다. 까맣고 동그란 저것이 어떻게 풀로 보이는지 모르겠지만 말, 소, 양, 염소들이 먹는 것이 전부 풀이니 그들의 똥도 다 풀이라고 했다. 빌게는 바짝 말라버린 똥을 주워서 반으로 찢으며 냄새를 맡기도 했다.
"풀 향이 나요. 저 어릴 적에 이렇게 마른 똥 주워서
불 붙였어요."
고향의 향이라고 덧붙이며 빌게는 작게 웃었다. 여행 내내 빌게는 본인의 추억에 우리를 초대했다. 이제 한국에

서는 좀처럼 들을 수 없는 추억. 우주 어딘가로 할머니, 할아버지를 떠나보낸 내게는 아주 새삼스러운 이야기. 건물 사이로 겨우 엿보는 하늘이 아니라, 아무리 눈을 굴려도 하늘이 담기고 마는 몽골에서만 들을 수 있는 이야기. 참 귀한 이야기. 흑백 사진에서 봤던 어린 시절의 빌게와 그의 가족 그리고 고향이 눈앞에 펼쳐졌다. 땔감으로 쓰기 위해 동물의 마른 똥을 주우러 다니는 어린 빌게. 어린 빌게도 지금처럼 맨발로 풀과 똥을 밟고 다녔겠지. 자연과 친하게 지낸 사람만이 발바닥에 묻힐 수 있는 풀 향. 왜 나는 겪어보지도 못한 그때의 몽골을 그리워하는 걸까. 손에 쥔 적 없던 것을 다시 찾은 듯이 나도 작게 웃었다. 나는 또 이 풀 향을 맡으러 다시 몽골에 오고 싶겠지.

오늘 우리가 터를 잡은 곳은 작은 천 옆이었다. 얼마나 작냐면, 천의 폭이 우리 키보다 작았다. 이 물로 밥을 해 먹고, 설거지도 하고, 세수도 하고, 양치도 해야 했다. 한국에서 친구들 동네에 놀러 갈 때마다 어디든 천이 있어서 신기했었는데, 막상 우리가 터를 잡는 과정을 생각해 보니 천을 주변으로 사람들이 모여 살기 시작한 것이라는 당연한 혜안에 스스로 감탄했다. 터를 정하고 나면 우리는 일을 분담했다. 텐트 팀은 텐트를 짓고, 요리 팀은 식사를 준비했다. 내가 속한 텐트 팀은 일이 금방 끝나기 때문에 사이좋게 화장실을 찾아 몽골 땅을 오래 누볐다.

"저거 뭐야? 사체야?"

그 작은 천 한가운데에 미동 없는 동물 한 마리가 고꾸라져 있었다. 물은 사체를 쓰다듬으며 계속 흘렀다. 우리뿐만 아니라 주변의 유목민도, 동물들도 이 물을 마실 텐데 가만히 놔두면 안 될 것 같다는 생각이 들어 빌게를 데려왔다. 아까까지만 해도 빨간색 반팔에 반바지를 입고 돌아다니더니, 해질녘이라 추웠는지 몽골 전통복을 걸친 빌게가 아무 말 없이 사체를 쳐다보더니 입을 열었다.

"치워야 할 것 같아요."

발목까지 오는 몽골 전통복을 무릎까지 올려 잡고 조심스럽게 천으로 들어갔다. 사체의 두 다리를 한 손에 잡고 들어 올렸다. 아기 소였다. 마치 냉동된 것처럼 몸이 굳어 있는 아기 소가 물에서 빠져나오자마자 시큼한 냄새가 코를 찔렀다.

"앗, 냄새."

"어떡해. 눈이 없어."

눈이 없는 눈의 자리에서 물이 한줄기 흘러내렸다. 빌게는 최대한 천에서 벗어난 곳에 사체를 두어야 한다며 해를 향해 걸어갔다. 우리 넷은 아무 말 없이 맨발의 빌게와 그의 손을 잡고 눈물을 뚝뚝 흘리는 아기 소를 하염없이 바라보았다. 집 안에서 같이 살을 맞대며 살아온 동물이 아닌 동물의 죽음을 이렇게 오래 바라보았던 적이 있던가. 바퀴가 쉴 새 없이 굴러다니는 아스팔트 위에 서럽게 엎드려있던 동물들을 떠올렸다. 건너편으로 가고 싶었을 뿐인 네발의 뜀박질은 거기나 여기나 같네. 아스팔트 위보다 풀 위가 더 나았을까. 죽음이 내려 앉은 자리에 순위를 매길 수는 없지만, 누구든 하늘의 문을 열고 들어갈 때는 조금 덜 아프고, 덜 외로웠으면 좋겠다. 떼어지지 않는 발을 겨우 돌려 떠났을 어미 소를 위로하며 텐트로 돌아갔다.

우리의 마지막 여정지인 홉스골에 도착했다. 세계에서 두 번째로 면적이 큰 이 호수를 '파란 물'이라는 뜻으로 홉스골이라 부른다고 한다. 노랗고 건조한 홍고린엘스와는 달리 홉스골은 촉촉하고 뾰엣다. 우리가 도착하자마자 커다란 비바람에 식당의 전기까지 끊어졌다. 환영식 한번 터프하네. 파워풀한 비바람에 문까지 활짝 열렸다. 겁에 질려 눈썹을 구부리니 빌게가 나를 달랬다.

"이렇게 크게 내리는 거는 곧 그친다는 의미예요."
왜 이렇게 빌게 말은 믿음이 가는 걸까. 빌렐루야. 마음이 안정되려고 하자마자 이내 지붕에서 따가운 소리가 나기 시작했다.

"우박! 우박이에요!"
따가운 소리를 뚫고 빌게의 신나는 비명이 들렸다. 다들 좁은 창문에 달라붙어 목캔디만 한 우박을 구경했다. 다채롭다, 다채로워. 홍고린엘스에서는 덥고 건조해서 코안이 찢어질 정도였는데, 홉스골에서는 비바람에 우박까지 내리는구만. 우박이 한바탕 시원하게 내리자 정말 하늘이 감쪽같이 잠잠해졌다. 세상만사 역시 모든 것은 끝나기 전이 가장 따갑구나.

홉스골로 오는 길에 시장에 들러 양고기를 사 왔는데, 드라이버인 모덤이 요리 솜씨를 뽐내준다고 했다. 그 요리는 바로 내가 기다리고 기다리던 허르헉. 내가 유일하게 잘 먹는 몽골 음식이었다. 허르헉은 큰 솥에 불로 달군 돌을 넣고, 그 위에 감자와 당근 등 채소를 쌓고, 다시 돌을 쌓고, 양갈비를 쌓고, 다시 돌을 쌓고, 잡내를 없애기 위해 맥주를 붓고, 간을 위해 소금을 붓고, 뚜껑을 닫고 오래 찐다. 별다른 간이 없는 몽골의 음식답게 소금만 있으면 요리가 완성된다.

모두 게르에 짐을 풀고 식당에 모였다. 모덤은 양고기를 손질하고, 몇 명은 감자와 당근의 껍질을 깎았다. 누군가는 할 게 없어서 옆에 앉아 사진을 찍어주고 떠들었다. 함께 요리하며 한마디씩 얹는 시간. 이 소란스러운 시간이 참 오랜만이었다. 명절을 잃어버린 지 벌써 20주년이 되어가는 나는 언제부턴가 친구들이 부러웠다. 노란 전이 가득한 전기 팬 앞에서 허리를 두들기는 사진, 꼬깔콘을 엉성하게 얹은 할머니가 초록색 지폐가 끊임없이 나오는 돈 티슈를 뽑는 영상, 조카들과 놀아주다 지쳐서 방문 잠그고 쉬고 있다는 친구의 연락…. 명절을 명절처럼 보내고 있는 시간들을 보고 있으면 내 명절이 괜히 쓸쓸해 보였다. 내게도 북적이는 시절이 있었다. 9남 2녀 중 여덟째였던 우리 아빠가 제사를 맡았다. 아니, 아빠의 아내인 엄마가 맡았다. 11남매의 식구들이 우리 집에 한 팀씩 들어올 때마다 나는 문을 열어주는 담당이었다. 매년 봐도 어색한 큰아빠, 큰엄마에게 인사를 하면 누구는 내 머리를 쓰다듬고, 누구는 내 볼을 찌르며 집으로 들어섰다. 어색하면서도 싫지 않았던 어른들의 손길. 그 많은 식구가 다 모이면 막내 삼촌은 식탁 옆에서 잠을 잤다. 평소에 동생과 내가 뛰어다니던 32평 집이 그렇게 작아 보일 수가 없었다. 대중없이 방문하는 식구들이 계속 자리를 채우고 비우던 식탁. 온갖 양념이 묻어있고, 배 부분이 늘 물로 젖어있던 엄마의 앞치마. 싱크대 앞에서 떠날 줄 몰랐던 엄마를 생각하면 명절을 챙기지 않는 것이 백 번 천 번 낫지만, 한구석에는 그 풍경이 그립기도 하다. 우리 가족 중 엄마가 가장 키가 작은 사람이 되었을 때부터 명절이든 휴일이든 많아도 셋뿐이었다. 이제는 가질 수 없을 것 같았던 시간을 몽골에서 맞게 될 줄이야. 아무도 눈치채지 못할 사연을 몰래 품고 감자 껍질을 벗겼다.

"잘 먹겠습니다!"

몽골의 다른 양고기 요리와 허르헉의 차이는 바로 돌 향이다. 풀 향도 좋지만, 아무래도 지금 혀 밑에 침이 첨벙이는 것을 보니 나에게는 돌 향이 더 힘이 센 것 같다. 채소와 양갈비에 스며든 돌 향이 집 나간 내 식욕의 머리끄댕이를 잡아 올렸다. 살코기는 볼 수 없고 갈빗대만 가득 담긴 허르헉은 젓가락이나 포크 같은 딱딱한 도구보다 유연하고 말랑한 손가락이 가장 유리했다. 하나만 뜯어 먹어도 양 손가락에 투명한 기름이 칠해졌다.

"언니, 립밤 발랐어?"

모두 손가락과 입술에 허르헉 립밤을 잔뜩 묻힌 채 물고, 뜯고, 맛보고, 즐겼다. 몽찔이 조은희의 볼도 열심히 오물오물 움직였다. 과도 같은 작은 칼로 고기를 베어 먹는 모덤을 보고 박서우는 혼자 도발당하더니 모덤을 따라 하기 시작했다. 빌게는 입에 가득 고기를 넣고 먹음직스러운 갈빗대를 우리에게 하나씩 쥐여줬다. 빌렐루야.

다음날 어쩐 일인지 아침 일찍 나 홀로 눈이 떠졌다. 외로운 시간이지만 반갑기도 했다. 24시간 내내 며칠 동안 사람들과 붙어있었더니 사회성에 알이 배겨 풀어주는 시간이 필요했는데, 지금이 딱이었다. 이불을 밀어내고 숙소 앞 홉스골로 아침 산책을 떠났다. 고요한 아침이었다. 사람은 움직이지 않고, 동물들이 움직이는 시간. 흙을 밟으면 흙 밟는 소리가 들렸다. 돌을 밟으면 돌을 밟는 소리가 들렸다. 축축한 풀을 밟으면 축축한 풀을 밟는 소리가 들렸다. 사람이 없는 시간이 편한 야크는 이른 아침부터 습기 찬 풀을 뜯고 있었다. 야크는 흰자로 나를 경계하며 계속 풀을 씹고, 나도 흰자로 야크를 경계하며 계속 걸었다.

자네도 겁이 많구만.

향긋한 물 냄새가 점점 진해지자, 바다만 한 홉스골이 내 동공을 빈틈없이 꽉 채웠다. 아까보다 더 고요한 시간이었다. 아무 소리도 들리지 않았다. 아니, 아무 소리도 듣고 싶지 않았을지도. 그러다가 귀를 기울이면 홉스골의 파도 소리만 작게 밀려 들어왔다. 듣기 좋다. 조금 더 홉스골에 다가가 눈을 갖다 대면 구름 사이로 삐져나온 햇빛이 바다 위에서 튀기는 소리가 들려왔다. 윤슬을 한참 바라보고 있자니 저 멀리서 거위 한 쌍이 날아왔다. 온몸으로 날갯짓하는 거위의 울음소리가 이 공간을 꽉 채웠다. 몽돌 위에는 나무 한 덩이가 무심하게 놓여 있었다. 벼락 맞은 것 같은데 어쩌다 여기까지 왔을까 생각하며 나무 위에 엉덩이를 얹었다. 얼마나 많은 사람들이 앉은 건지, 나무 표면이 사포질이라도 한 듯 맨들맨들했다. 가만히 앉아서 가만히 눈을 감았다. 따뜻하고 시원했다. 의식이 선명해지면서 졸렸다. 그대로 눕고 싶기도, 일어나 걷고 싶기도 했다. 나는 늘 욕심이 많다. 갖고 싶은 것도, 하고 싶은 것도, 느끼고 싶은 것도 늘 많다. 갖고 싶은 것은 다 못 가질 때가 많고, 하고 싶은 것은 다 못 할 때가 많아 자주 좌절했다면, 느끼고 싶은 것은 제법 양껏 잘 느끼는 듯하다. 그래서 내가 기어코 또 몽골에 온 걸까? 몽골은 느낄 수 있는 것투성이니까.

"몽골에 가라면 다시 갈 수 있어?"
그 답은 이미 홉스골 앞에서 정해졌다. 생각만 해도 얼굴에 그늘이 져버리는 노지 캠핑을 또 겪어야 한다고 해도 나는 몽골에 돌아올 것이다. 몽골에는 풀 향이 있고, 돌 향 가득한 양갈비가 있고, 달빛 구경하기 좋은 밤도, 윤슬 듣기 좋은 아침도 있으니까. 새삼스러우면서도 다채로운 느낄 것들이 여전히 몽골에는 남아 있으니까.

나의 솔롱고스. 무지개처럼 아름다운 나라.
무지개처럼 꿈을 좇아 여기 또 올 테죠.
오래도록 나의 솔롱고스일 몽골에.

쫄보에서 떳떳한 호구가 되기까지

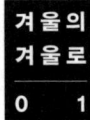

젠장, 모스크바 출발을 하루 남기고 항공권이 취소됐다. 2020년 초, 여행 유튜버가 되겠다며 칼을 뽑자마자 들이닥친 COVID-19라는 운명을 받아들인 지 딱 2년이 흐른 2022년 1월이었다. 해외 이동이 슬슬 풀리면서 용감한 유튜버들이 하나둘씩 떠나고 우리도 출국할 때가 다가온 것이었다.

"우리 둘이 각 잡고 시작했는데 1년 안에 구독자 10만 명 못 모으면 그만두는 게 맞지."

영상을 처음 올렸을 때 내가 했던 개소리를 기억한다. 동업자 박서우가 했던 말일까 기억을 조작해 보려고 해도, 내가 한 말이 맞다. (얼마 전 5년 만에 드디어 10만 명이 모였다.) 매주 영상을 올린 지 2년이 다 돼가는데 구독자가 9,800명이라는 현실이 부끄러움을 넘어 심각했고, 참혹했다. 열심히 하면 되는 줄 알았는데 세상은 열심히 하는 사람보다 똑똑하게 하는 사람에게 더 매력을 느끼는 듯했다.

그저 열심히 영상을 만들고, 열심히 더 나은 방향을 위해 박서우와 투닥거렸지만 세상은 평온했다. 열심히만 하면서 좌절의 피맛을 본 나는 '열심히'를 넣을 칸에 한 글자 더 길지만 매력적인 '똑똑하게'를 넣어 말했다. '열심히 해볼게요' 대신에 '똑똑하게 해볼게요'. 그래서 우리는 그 똑똑한 묘수가 절실했다.

"여행 유튜버가 시베리아 횡단열차 정도는 타줘야지."

배우들이 영화 〈대부〉를 보지 않은 동료에게 어떻게 그 영화를 안 볼 수 있냐고 열변을 토하는 것처럼, 여행 유튜버라면 응당 인도와 시베리아 횡단열차 콘텐츠는 올려줘야 했다. 세계지리 시간에나 스쳤을 '시베리아'와 '횡단열차'라는 낯선 단어가 나란히 적혀 있는데 설레지 않을 수가 없었다. 정말이지 똑똑한 단어들의 조합이었다. 그냥 겨울을 좋아한다고 말하면 되는데 "제가 겨울에 태어나서인지 겨울이 좋아요"라고 말할 만큼 '겨울'과 '나'를 한 문장에 묶기를 좋아하는 나는 하얗게 내리자마자 금방 녹아서 까맣게 전사하고 마는 서울의 지저분한 눈 말고, 며칠이 지나도 녹을 줄 모른 채 쌓이고 쌓인 눈밭에서

로맨스 영화라도 찍는 것처럼 뒹굴어보고 싶었다. 내 눈이 하얀 눈으로 꽉 차면 어떤 기분일까. 상상만으로도 이미 벅차올라서 굳이 갈 필요가 있나 싶을 정도였다. 그래서 상상을 줄이고 모스크바에 대해 알아보기 시작했다. 알아보면 알아볼수록 모스크바는 무서운 놈이었다. '마피아'라는 단어가 연관 검색어에 뜨고, '대머리'라는 귀여운 말 대신에 '스킨헤드'라는 말이 여기저기에 볼드체로 적혀 있었다. 스킨헤드족은 머리를 깎고 다니면서 외국인들을 극도로 혐오하는 극우 민족주의자들이었다. '인종차별'이라는 내가 제일 경멸하는 단어까지 보게 될 줄이야. 위가 쓰린 날, 왜 쓰린 건지 검색해 보다가 내가 죽을지도 모른다는 결말에 치닫는 것처럼 우리 그냥 모스크바에 가지 말자고 박서우에게 말하려 할 때 마침 또 다른 유튜버가 해외에 나간 영상을 올렸다. 누군가와 비교하는 것은 기분이 잡치기 때문에 인간에게 해롭지만, 때때로 겁이 많아서 망설이는 인간을 떠밀어주기도 한다.

'그대가 가면 나도 가야지.'

그렇게 예매한 항공권이 출국 하루를 남기고 취소된 것이다. 내가 어떤 마음으로 예약한 모스크바행 항공권인데! 이제 막 하늘길이 열려서 출국하려면 백신을 2차까지 맞았다는 증명서와 15만 원 정도의 거금을 내고 코에 면봉을 쑤셔 넣고, 하루 기다려서 음성이라는 문자를 받으면, 또 추가금을 내고 받아야 하는 영문 음성 확인서가 필수였다. 꽤나 귀찮고, 비싸고, 복잡한 과정을 거친 자만이 해외로 떠날 수 있었고, 2년째 전 세계가 고생하고 있었기 때문에 대부분은 눈치가 보여서 해외여행을 망설이는 시점이었다. 정말 많은 것들을 감수하고 예약했는데 취소라니. 항공사의 뻔한 변명이라도 듣고 싶은데 그냥 하루 남기고 일방적인 취소 메일을 보내왔다. 직업병일까? 하도 영상 편집을 많이 해서인지 좌절하는 순간에 꼭 넣는 물 떨어지는 효과음이 들렸다.

유튜브를 처음 시작할 때는 코로나가 발목을 잡고, 이제 제대로 해외여행 떠나려고 하니 항공권 취소라니. 역시 주인공은 고난과 역경의 서사가 있어야 제맛이지.

우리는 짐을 싸다 말고 영상통화를 켜서 한참 동안 항공사를 욕하고, 웃고, 다시 머리를 쥐어뜯으며 시끄러운 한숨을 내뱉다가 매가리 없는 화이팅을 외치며 다른 항공권을 알아보기 시작했다. 다행히 귀찮고, 비싸고, 복잡하고, 눈치 보이는 이 과정을 무릅쓰는 사람이 적어서인지 당장 내일 떠나는 스케줄인데도 비슷한 가격의 항공권이 판매 중이었다. 이제 막 사랑을 시작하면서 이별이 무서워 벌벌 떠는 사람처럼 항공권을 결제하면서 취소당할까 봐 마른 입술을 계속 깨물었다. 그 공포는 모스크바의 셰레메티예보 공항에 도착할 때까지 우리를 맴돌았다.

보통은 비행기 출발 3시간 전에 인천공항에 도착했었는데, 인천공항에서 당일 발급이 가능한 PCR 검사를 하기 위해 출발 9시간 전에 도착했다. 도착하자마자 면봉으로 코도 쑤시고, 밥을 먹고, 음성 확인서도 받았다. 시간은 부지런히 흘렀다. 한 끼라도 굶으면 죽는 줄 아는 박서우는 밤늦게까지 열려 있는 롯데리아에서 새우버거를 사 왔다. 잘 먹는다, 내 동료. 박서우의 손에 버거를 감싼 빈 종이만 남자 곧 탑승구가 열렸다. 비행기 좌석은 군데군데 비어 있었다. 덕분에 이코노미지만 누워서 갈 수 있는 눕코노미를 누리며 경유 시간 포함 21시간을 버텼다. 할머니 집에 놀러온 손녀들처럼 스르르 잠들었다가 밥 먹으라고 깨우면 눈도 채 못 뜨고 숨이 다 죽은 브로콜리를 입에 집어넣었다. 디저트로 체리 치약 맛이 나는 케이크를 먹을 때쯤 정신이 들었다. 잠이 들면 미각도 잠이 드는

지 혓바닥 위에 음식을 굴려도 몇 초는 맛이 느껴지지 않았지만, 오랜만의 기내식이 그렇게 즐거울 수가 없었다. 박서우는 기특하게 한국에서 사 온 러시아 여행책을 펼치며 간단한 회화와 키릴 문자를 공부했다.

"즈드라스부이쩨."

"안녕하냐고?"

"응. 즈드라스부이쩨."

"알겠어."

"즈드라스부이쩨."

"하."

두바이를 경유해 모스크바에 도착했다. 비행기에서 내려 세레메티예보 공항 안을 걷는데 공기가 이상했다. 차가운 공기를 덮으려고 따뜻한 공기를 틀었는데 섞이지 않는 그런 이상함. 땀 냄새를 덮으려 향수를 진하게 뿌린 사람 옆에 앉은 것처럼 두 기온을 다 느낀 나는 러시아의 비범함에 기가 눌려버렸다. 그리고 러시아는 입국 심사대에서 박서우와 나를 갈라놓으며 다시 한번 나를 눌러버렸다. 나만 입국 심사 거절을 당한 것이다.

딱딱한 복숭아 속 같은 피부를 가진 여자는 여권에 붙어 있는 2년 된 내 증명사진을 보고, 다시 나를 보고, 사진을 보고, 다시 나를 보기를 반복하며 모니터를 한참 봤다. 마스크로 얼굴 반을 덮었는데도 여자의 시니컬한 표정 때문에 몇 번이고 마른침을 삼켰다. 그러더니 갑자기 키 큰 남자가 나타나 나를 데려갔다. 백마 탄 왕자를 바란 적이 있긴 하지만 지금은 아닌데. 더듬더듬 영어 단어를 나열하던 그의 말을 해석해 보자면 "괜찮아. 사진 좀 찍을게"였다. KF94 마스크 위로 두려움에 떠는 내 눈을 보고 나를 진정시키려던 것 같았다. 나 원 참. 나는 여러분들을 속여서까지 러시아에서 무언가를 할 수 있는 놈이 아니라고요. 살찐 게 죄는 아니잖아!

"2년 전에 사진을 찍었습니다. 나는 살을 얻었습니다. 이것은 나입니다."

간절한 눈으로 입꼬리를 겨우 올려가며 허심탄회하게 말했지만, 남자는 조그마한 디지털카메라를 가져오더니 복도에 나를 세우고 사진을 찍었다. 마스크를 벗고, 머리를 귀 뒤로 넘기라고 했다. 하라는 대로 다 했다. 파란 형광등 조명 아래에서 남자는 빛 때문에 마음대로 사진이 안 찍히는지 내 앞에서 계속 분신사바처럼 카메라를 이리저리 돌려가며 셔터를 눌렀다. 사진 찍는 폼을 보아하니 여자친구가 많이 속상하겠구만. 열 장 정도 찍고 나더니 남자는 고개를 갸웃거리며 평범해 보이면서도 왠지 수상한 방에 들어갔다.

'당신, 나를 못 믿는군요. 그나저나 박서우는 잘 있겠지?'

남자는 수상한 방에서 나와 다시 나를 벽에 세우고 사진을 찍었다. 가로로 늘어나 버린 내 얼굴 때문에 귀가 잘 안 찍힌 모양이었다. 정면이지만 귀가 잘 나오는 스팟을 필사적으로 찾아다니며 셔터를 연달아 누르더니 이번에는 나를 개방된 곳으로 데려가 기다리라고 했다. 여느 공항처럼 푹신한 의자들이 기다란 쇳덩어리에 한데 붙어 있는 곳이었다. 다양한 성별과 다양한 인종의 세 명이 피곤한 얼굴로 앉아 있었다. 입국 심사에 상처받은 영혼들의 쉼터. 여기 피곤한 동양인 여자 한 명 추가요. 몇 분 뒤, 남자가 나가도 좋다며 박서우와의 재회를 허락해 주었다.

'거봐요, 저는 한국에 20년 뒤에 부양해야 할 엄마도 계신다고요!'

30분 만에 만난 박서우는 평온했다. 그래도 사람인지라 무슨 일인지 궁금해했고, 나는 기다렸단 듯이 마스크에

침 튀기며 설명했다.

"그래서, 영상 찍었어?"

나는 사람이 본인 일에 집중할 때 섹시하다고 생각하는데 방금 박서우는 과하게 섹시했다. 나중에 상처받은 영혼들의 쉼터에 가서야 촬영했다고 답하니 안심한 표정을 지었다. 박서우가 미리 챙겨둔 내 캐리어를 받아 들고 모스크바로 나갔다. 차갑고, 가볍고, 건조한 공기가 뺨에 닿았다. 공항 안과는 다르게 차가운 공기가 지배하는 세상이었다. 겨울왕국이 이런 걸까. 간판 아래에 팔뚝만 한 고드름들이 붙어 있었다.

"세계 면적 1위의 나라답네."

부끄럽지만 나는 세계 면적도, 인구도 모두 중국이 1위인 줄 알고 있었다. 여행 전 러시아에 대해 공부하다가 그제야 세계 면적 1위는 러시아고, 중국은 4위였다는 사실을 알고 그게 그렇게 충격적일 수가 없었다. 순위가 놀라운 게 아니라, 이 상식을 만 29세가 되어서야 알게 되었다는 사실이. 그리고 새롭게 적립된 상식을 어떻게든 티내고 싶어서 굳이 추임새처럼 "세계 면적 1위의 나라답네"라고 촬영 중에 몇 번이고 뱉어냈지만, 화자의 의도를 전혀 알 리가 없는 박서우는 깔끔하게 전부 편집해서 잘라냈다.

오랜만의 동양인 먹잇감에 저 멀리서부터 달려온 남자 둘이 우리의 캐리어를 하나씩 끌어주며 숙소가 어디냐며, 택시 타라며 호객 행위를 시작했다. 몸과 마음이 모두 지친 우리는 실랑이할 힘이 없어서 그대로 택시까지 끌려갔다. 택시인 줄 알았는데 택시 티가 전혀 나지 않는 제네시스 한 대가 있었다. 남자들은 우리의 캐리어 두 개를 드렁크에 넣으려다 들어가지 않으니 한 개는 뒷좌석에 넣었다. 이미 엎질러졌다. '안 탄다'의 선택지는 없다. 몇 번의 소극적인 흥정을 거쳐 2,000루블에 제네시스 택시 탑승권을 낙찰받았다. 남자들은 우리에게 러시아로 말을 걸었고, 우리가 이해하지 못해 대답을 얼버무려도 남자들은 기분이 좋은지 활짝 웃었다. 웃음은 전염성이 있다던데 남자들이 웃을수록 어째 우리는 웃음을 잃어갔다.

"그냥 타자."

"그래."

우리는 모르고 호구가 된 게 아니고, 알면서 호구가 되어 준 거야. 박서우와 나는 자발적 호구라는 명분으로 기분을 환기시키고 차에 타려는데 남자는 문까지 열어주는 친절을 베풀었다. 남자가 기분이 좋으니 나는 기분이 나빠졌다. 대체 택시비를 얼마나 비싸게 받은 걸까. 열린 문으로 뒷좌석에 야무지게 고정된 대나무 시트가 보였다. 이 대나무 시트 하나로 이 차는 99퍼센트 확률로 여름에 한국에서 출발해 모스크바까지 왔다는 추리를 할 수 있었다. 이 차가운 모스크바에서 따뜻한 모국을 느끼니 절로 웃음이 나왔다. 통풍이 잘되는 격렬하게 시원한 대나무 시트에 앉아 숙소로 향했다.

러시아의 수도 모스크바는 세계 면적 1위의 나라답게 커다랗고 넓었다. 우리나라 도로가 슈퍼싱글 사이즈라면, 모스크바의 도로는 킹 사이즈 같았다. 창밖에는 유럽의 어디선가 본 듯한 화려하고 오래된 건물들이 즐비했고, 겨울만 기다렸던 것처럼 노란 조명들이 여기저기에 걸려 있고, 펼쳐져 있고, 둘려 있었다.

숙소 근처에 도착하자 기사가 길을 헤맸다고 돈을 더 달라는 기적의 계산을 들이밀었고, 박서우는 능숙하게 카메라를 켜고 루블만 만지작거리는 나에게 원래 지불하려던 2,000루블만 주라고 명령했다. 우리 편 말 들어야지. 2,000루블을 기사에게 건네자, 기사는 "흥" 같은 말을 중얼거리더니 바로 뒤돌아 제네시스에 탔다. 박서우와 기사의 시원한 태도에 둘이 잘 어울린다고 생각했다.

숙소는 러시아 건물이 아니라 소련 건물 같았다. 총을 연달아 쏴도 뚫리지 않을 것 같은 두껍고 무거운 갈색 쇳덩어리가 현관문이었다. 쇳덩어리, 아니 현관문을 열고 유럽에서 자주 보았던 좁디좁고, 작디작은 엘리베이터를 타고 드디어 집 안에 도착했다. 센스 있는 집 주인이 미리 라디에이터를 틀어놔서 집 안은 답답할 정도로 따뜻했다. 이후에 바르셀로나에서 혹독한 가을을 맛본 나는 차라리 추울 때 추운 나라를 여행하는 것이 오히려 춥지 않다는 것을 깨달았다.

샤워를 마치고 나왔더니 집 밖으로 나가고 싶을 만큼 훈훈한 공기가 목구멍까지 쳐들어왔다. 살아남으려면 창문을 열어야 했다. 창문은 우리나라의 비싼 아파트에 설치된 창문처럼 묵직하고 빈틈없이 타이트했다. 창문을 열자마자 찬 공기가 머리칼 사이로 빠르게 스며들었다. 머리카락은 마르다 못해 고새 얼어버렸다. 우리는 창틀에 팔을 기대고, 엉덩이를 내밀고 창문 앞에서 두 얼굴을 붙이고 찬 공기를 만끽했다.

"따뜻한 아이스 아메리카노 같다."

"오, 라면 먹자."

박서우는 첫날부터 필살기를 꺼내자고 했다. 세 번의 기내식은 밍숭맹숭했고, 괜히 늦은 밤에 밥 찾으러 나갔다가 스킨헤드족이라도 만나면 안 되니 선택지가 라면밖에 없긴 했다. 우리가 가장 좋아하는 열라면 두 개를 끓였다. 오랜만의 얼큰한 매운내가 반가워서 냄비 앞에서 서성거렸더니 코가 벌써 러시아에 적응을 해버린 건지 연거푸 우렁찬 재채기가 튀쳐나왔다.

"위로받는다. 이 낯선 땅에서 여태까지 받은 설움…."

"무슨 설움을 받았는데?"

"말도 안 통하고…."

"재미있었지, 뭐."

라면을 시끄럽게 먹는 걸 좋아하는 박서우가 서럽다고 칭얼거렸다. 우리는 약속이라도 한 듯 양기와 음기의 균형을 조절했다. 누군가에게서 음기가 발현되면 맞은편의 한 명은 양기를 내뿜어 음기의 불을 끄곤 했다. 고된 하루였던 것은 사실이었다. 뭐 하나 쉬운 게 없었지만 그렇기에 느낄 수 있는 은은한 뿌듯함에 박서우도 얼굴을 찌푸리는 대신 광대를 올리고 있었다. 쫄보 두 명이 결국은 이렇게 러시아에 와 있구나. 채널 첫 개설부터 지금 모스크바 한가운데에 도착하기까지 2년간의 여정이 머릿속에서 빠르게 흘러갈 뻔하다가 앞에 앉은 사람의 자비 없는 젓가락질에 나도 급히 젓가락을 냄비에 꽂았다. 소련 시절에 지어졌을 빌라의 5층 창에는 한국 음식을 그리워하는 만큼 시끄러운 후루룩후루룩 소리가 달라붙어 뽀얀 김 서림이 만들어졌다.

붉은 광장의 구애춤

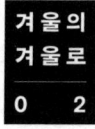
겨울의 겨울로
0 2

모스크바에서 첫 외출을 준비하는 한국 애송이들의 태도는 엄숙하고 근엄하며 진지했다. 내 모든 여행을 통틀어서 가장 무거웠던 캐리어를 펼쳤다. 셰레메티예보 공항에서 짐 검사를 당하게 만든 군인 캐릭터가 그려진 포켓 핫팩 40개와 옷에 붙이는 핫팩 40개 그리고 발가락 위에 붙이는 발 전용 핫팩 20쌍을 바라보았다.

"언니, 핫팩 몇 개 붙일 거야?"

"등에 두 개."

"포켓용은 몇 개 챙길 거야?"

"양쪽 주머니에 한 개씩."

사실 추운 겨울이라면 부산에서 스무 살에 상경한 박서우보다는 서울 토박이인 내가 더 많이 보냈겠지만, 나는 박서우의 지혜를 신뢰했다. 박서우는 본인이 아프거나, 귀찮거나, 피곤해지는 일이 싫어서 늘 대비하고 준비했다. 오늘도 일어나자마자 왼쪽은 붕 뜨고, 오른쪽은 바짝 눌린 머리에 어젯밤 라면의 여파로 통통 부은 얼굴로 본인 캐리어를 한참 노려봤다. 누군가는 그 모습이 우스꽝스럽다고 생각하겠지만 나는 아니다. 나는 그 성스러운 현장 옆에서 별다를 것 없는 몰골로 정숙했다. 박서우의 지혜가 샘솟는 시간이었다. 하여 나는 박서우처럼 목과 등 사이에 핫팩 두 개를 붙이고, 포켓 핫팩 두 개를 뜯어서 흔들었다. 그리고 스승을 뛰어넘어 양말 위에 발 전용 핫팩을 붙였다.

무신사에서 급하게 산 내복으로 전신을 감싸고, 두꺼운 갈색 면바지를 입고, 티셔츠를 입고, 기모 맨투맨을 입고, 주황색 앙고라 비니를 쓰고, 다이소 비닐 압축 파우치에서 갓 꺼낸 노스페이스 패딩을 팡팡 쳐서 걸쳤다. 몸이 불편한 만큼 따뜻했다.

어제는 당겼던 현관문의 쇳덩어리를 반대로 밀었다. 체급이 다른 공기가 다시 느껴졌다.

"하아…."

겨울이 오면 나는 얼마나 추운지 눈으로 보고 싶어서 차가운 허공에 내 따뜻한 숨을 내뱉곤 한다. 여기서도 마치 모스크바의 아침 일정으로 정해둔 것처럼 나는 밖으로 나오자마자 숨을 크게 내뱉었다. 뿌옇게 모양을 잡는 듯

싶더니 빠르게 사라졌다.

'이야, 많이 춥구만.'

온도가 대충 짐작되니 러시아라는 나라에 와 있다는 사실이 실감됐다. 우리가 묵은 에어비앤비는 한적한 동네에 있어 눈이 내린 거리는 새하얗고 눈이 부셨다.

'여름에는 어떤 모습일까?'

'분명 여름에도 찬란하겠지?'

'아마 매미 소리는 안 들리겠지?'

'그럼 여름에 어떤 소리가 들릴까?'

한겨울에 와서 한여름을 상상하며 걷다 보니 어느새 눈앞에 큰길이 펼쳐졌다. 오 마이 갓. 숙소 앞에서는 느끼지 못했던 한국의 겨울이 물씬 느껴졌다. 킹 사이즈의 도로에는 오고 가는 차에 이리저리 치인 눈들이 까맣게 녹아서 바퀴가 굴러갈 때마다 인도로 튀어 올랐다.

"어머! 어머!"

"이거 아니잖아! 한국보다 심하네!"

두꺼운 눈길을 밟을 때마다 굵은소금 뭉치는 소리가 들릴 줄 알았는데 이게 무슨 일이야. 서울보다 2~3배는 많은 눈이 도로 여기저기에 까맣게 널브러져 있었다. 차도에서 그리고 발밑에서 튀어 오르는 잿빛 눈 국물 때문에 정신이 없었다. 러시아에서 신으려고 구입한 3만 원짜리 베이지색 스웨이드 털부츠만은 지키려고 좀도둑처럼 한 걸음 한 걸음 조심히 걸었다. 자고 일어나면 내일 분명히 허벅지에 근육통이 오겠구나 생각할 즈음 목적지인 지하철역에 도착했다.

발권기 앞에서 두리번거리자 키 큰 남자가 다가왔다. 털모자와 마스크를 써서 눈밖에 안 보이는 남자의 표정에서 선의가 느껴지지 않아 0.3초 정도 무서웠는데, 발권기 화면을 툭툭 눌러보더니 직원에게 우리를 데려갔다. 덕분에 우리나라의 티머니 같은 교통카드를 구입할 수 있었다. 우리가 무사히 교통카드를 받으니 남자는 내가 0.3초라도 무서워한 게 미안할 정도로 예쁘게 웃었다.

"언니, 외운 러시아어 좀 해봐."

"못 해…."

"외웠잖아, 해봐!"

박서우는 비행기에 러시아어를 두고 내린 건지, 비행기에서는 달달 외우던 러시아어를 내리자마자 더듬거렸다. 내 자식이 외국인과 영어로 소통하는 모습에 대리만족을 느끼는 부모처럼 나는 박서우를 남자에게 떠밀었다.

"아침에 숙소에서도 계속 러시아어 되새김질했잖
 아."
박서우는 등 떠밀리면서도 집중 스파이크를 일으켜 러시
아어를 떠올리는 듯했다.

"스 노빔 고담(С Новым годом, 새해 복 많이 받으세요)!"
남자가 멀어지려 할 때 KF94 마스크를 뚫고 박서우의 러
시아어가 터져 나왔다. 거사를 치른 박서우는 흥분한 발
성으로 "나 했지. 했지. 했지!"를 외쳤다. 장하다. 남자도
우리에게 새해 복 많이 받으라고 답해주었다. 어라, 러시
아 사람들, 생각보다 사람이잖아? 분명히 인터넷의 혹자
는 러시아에서는 웃으며 다니면 안 된다고 말했다. 웃는
사람에게는 다른 꿍꿍이가 있다고 생각해서 기분 나빠하
며, 그 이유로 러시아 사람들은 다 무표정이라고. 생각해
보니 짧은 시간이었지만 여태 만났던 러시아인들 모두
상냥하지는 않았다. 하지만 우리를 냉대하지도 않았다.
역시 남의 입에서 전해지는 이야기는 곧이곧대로 믿으면
안 되는구나. 앞으로 모든 나라에 대한 정보는 참고만 하
고 직접 마주한 뒤에 판단하겠노라고 다짐했다.
러시아의 지하철역은 아름답기로 유명했다. 개찰구를 지
나니 은은한 노란 조명과 천장에 붙어 있는 조각상들이

마치 공연장에 와 있는 듯했다. 분명 눈에 보이는 것들은 너무 아름다운데, 지나치게 고요해서 편안하지가 않았다. 에스컬레이터 움직이는 소리가 가장 크게 들릴 정도였다. 그럴 만도 한 게, 정말이지 내가 타본 에스컬레이터 중에 가장 길었다. 에스컬레이터의 끝이 보이지 않았다. 실제로 러시아의 지하철역은 방공호로 사용된다고 하던데, 은신처 정도로 사용되는 한국 지하철역과는 두께감부터가 달랐다. 지하철 안에서도 우리는 확실한 이방인이었다. 해외여행이 풀리고 생각보다 빨리 놀러 온 동양인들이 신기한지 몇몇은 눈썹을 찌푸리며 오래 우리를 쳐다봤다.

"모스크바는 뭐랄까… 농담할 줄 모르는 무서운 큰아빠 같아…."

정거장에 도착하면 리드미컬한 음악을 틀어주는 한국과 달리 모스크바는 깔끔하고 투박하게 안내해 주었다. 도무지 허점이 보이지 않는 사람 같았다. 원래 친해지려면 서로 허점도 보여주고 그래야 하는데 말이다. 눈을 동그랗게 벌려서 두리번거리다가 지하철역에서 나와 붉은 광장으로 향했다. 이렇게 낯선 환경에서 편하지 않은 상황에 놓일 때면 겁 없는 표정으로 열심히 모스크바를 구경하고 있는, 나보다 작은 박서우가 옆에 있다는 것만으로도 위로가 된다.

'러시아' 하면 가장 먼저 떠오르는 건 테트리스 성당이다. 한국에서는 '테트리스성'이라는 별명으로 불리는데, 테트리스 게임의 시작 화면에 등장해서 본래의 이름을 잃은 그 성당의 이름은 '성 바실리 대성당'이었다. 테트리스를 만든 소련 출신 프로그래머가 애국심과 취향을 담아 모스크바의 대표적인 건축물인 성 바실리 대성당을 첫 화면에 집어넣은 것이다. 붉은 건물들을 구경하며 걷다 보니 진눈깨비 너머로 테트리스 성당이 보이기 시작했다.
"우와, 생각보다 작네?"
역시 기대를 하면 안 된다. '기대'는 얼핏 보면 설레는 감정 같지만, 웬만하면 본전도 못 찾는 악질의 감정이기도 하다. '기대'하면 보통은 '실망'하니까. 세계에서 가장 넓은 나라니까 랜드마크도 어마어마한 사이즈일 거라고 기대해 버렸더니 보자마자 튀어나온 말이 고작 "작네"였다. 가까이 다가가면 더 커질지도 모른다는 생각에 보폭을 넓혀봐도 여전히 높이 약 50미터 정도로 아담했다. 유럽 여행을 다니면서 각 나라의 이런저런 유명한 성당을 구경하고, 바르셀로나의 약 100미터 높이의 사그리다 파밀리아 대성당까지 올려다본 뒤에 이 성 바실리 대성당을 마주하니, 대성당이라고 부르기에는 찝찝한 마음이 들었다.

"이 성당이 지어졌을 당시에는 모스크바에서 제일 아름답고 큰 성당이었대. 그래서 이 성당을 지은 건축가가 다음에 더 아름다운 건물을 못 짓게 하려고 왕이 건축가의 눈알을 뽑아버렸대."

박서우의 이야기를 들으니 찝찝한 마음이 가셨다. 이 정도의 사연을 품은 성당이라면 대성당이 맞지. 박서우는 "믿거나 말거나"라며 말꼬리를 붙였다. 500년 전에 지어진 이 정교회 성당은 마치 놀이공원에서 볼 수 있을 것처럼 생겼지만, 강렬한 사연을 품은 반전 매력의 성당이었다. 어쩐지 성당을 감싸는 붉은색이 더 고혹적이고 진하게 느껴졌다. 성당의 몸통 위에는 머랭 쿠키처럼 생긴 모자들이 씌워져 있었는데, 어쩜 색깔을 이렇게 알록달록하게 썼는지 어렸을 적에 할머니네 집에서 먹던 사탕 같았다. 종교적인 건물이 이렇게까지 화려할 수 있다니. 큰 감동이나 허를 찌르는 깨달음이 아니더라도 나의 꽉 막힌 고정관념이 갑작스럽게 뚫려버릴 때 나는 여행이라는 행위가 더 마음에 들었다.

붉은 광장은 모스크바를 여행하는 사람이라면 꼭 들르는 곳이다. 성 바실리 대성당뿐만 아니라 오래된 역사를 자랑하는 굼 백화점 그리고 그 앞에 열리는 크리스마스 마켓. 오늘은 1월 4일인데 신기하게도 크리스마스 마켓이 한창이었다. 러시아의 국교는 정교회이고, 정교회의 나라 중 몇몇 곳은 세계에서 일반적으로 쓰는 그레고리력이 아니라 율리우스력을 따라서 13일 차이가 있었다. 그레고리력을 쓰는 나라에서는 12월 25일이 크리스마스라면, 율리우스력을 쓰는 나라에서는 1월 7일이 크리스마스였다. 이게 또 복잡하고 유난처럼 보일 수도 있지만, 한국도 그레고리력을 따르면서도 명절은 음력으로 쇠는 것과 같은 맥락이라 절로 고개가 끄덕여졌다.

굼 백화점 안으로 들어가니 내가 생각했던 전형적인 유럽의 크리스마스 백화점이었다. 화려하고, 붐비고, 시끄러운. 그래서 나를 더 들뜨게 하는. 백화점 가운데에 도착하니 목살이 접힐 만큼 올려다봐야 할 정도로 커다랗고 기다란 트리가 우뚝 서 있었다. 마치 이 파티의 주인공이 트리인 것처럼, 트리 주변의 모든 것들이 반짝이고 있었다. 크리스마스 용품들을 파는 매대와 바쁘게 돈과 물건을 주고받는 사람들, 트리를 배경으로 사진을 찍는 연인들, 곳곳에 걸린 장난감과 눈송이를 구경하며 아이스크림을 핥는 아이들.

"안 되겠다. 아이스크림부터 먹으러 가자."

백화점 입구에서부터 까만 털모자를 쓰고 발목까지 내려오는 검정색 코트를 입은 남자가 진눈깨비를 맞으며 아이스크림을 파는 매대를 보았지만, 일단 들어가서 구경하는 것이 먼저라는 생각에 박서우와 나는 꾹 참고 백화점 안으로 들어왔다. 여행을 온 것도 맞지만, 우리는 '여행을 촬영'하는 일을 하러 온 것이기도 하니까. 그런데 백화점에 들어와서도 계속 아이스크림을 들고 다니는 사람들을 마주치다 보니 아이스크림 좋아하는 박서우에게 한계가 온 것이다. 박서우를 안달 나게 한 이 아이스크림은 굼 백화점의 유명인사였다. 콘 위에 아이스크림이 얹어진 상태로 냉동된 냉동 소프트 아이스크림이었다. 박서우의 이완된 얼굴 근육을 보아하니 아이스크림을 먹으면서 어디 앉아 쉬고 싶어 하는 것 같았다. 우리는 루이비통 매장 앞의 벤치에 앉아 줄 서서 사 온 아이스크림을 핥았다.

"유럽의 크리스마스는 이렇구나. 진짜 화려하다."
"그러게. 생각해 보니까 크리스마스에 놀러 나온 것도 되게 오랜만이다. 여행이니까 크리스마스에 사람

많은 데에 나와보지. 한국이었어 봐, 집에서 마라탕 시켜서 넷플릭스나 보지."

그래, 여행은 이런 힘이 있지. 비행시간과 비례하게 나의 엉덩이를 가볍게 만드는 힘. 물론 늘 먹던 마라탕을 먹으면서 넷플릭스나 보는 크리스마스가 더 좋긴 하지만, 오랜만에 이렇게 레드오션에 뛰어드는 것도 꽤 즐거웠다. "사람 진짜 많다"라며 혀를 내둘렀지만 한편으로는 '사람 많다'라는 모양에 나도 그려져 있다는 게 자랑스러웠다. 사람들이 많이 찾는 곳에 사람들이 많을 때 오는 경험도 해볼 만하다는 용기가 생겼다. 벤치에서 일어나 옷에 떨어진 콘 가루를 털고 일어났다. 그새 밖은 어두워졌다. 그리고 밝아졌다.

하늘이 어두워지니 굼 백화점 앞은 밝아졌다. 크리스마스 마켓에 주렁주렁 걸려있던 조명들이 켜져서 낮과는 확연히 다른 분위기를 만들어냈다. 진눈깨비 때문에 탁했던 낮의 크리스마스 마켓은 왠지 청승맞아 보였는데 해가 지고 나니 지금 내 눈앞의 모든 것들이 경쾌했다. 낮에도 들렸던 캐롤이 더 진하게 들렸다. 마켓 여기저기로 이어져 있는 삼각 가랜드들과 놀이기구의 알록달록한 색들이 덧칠한 듯이 선명했다. 우리는 코를 자극하는 달달한 포도주 냄새를 따라갔다.

"뱅쇼다, 뱅쇼!"

커다란 팟에 따뜻한 포도주를 끓이고 있었다. 추운 날 따뜻한 포도주는 마시는 핫팩이나 진배없지. 투박한 종이컵에 담긴 뱅쇼를 들고 미리 봐뒀던 테이블로 갔다. 눈이 쌓인 테이블에 뱅쇼를 내려놓고 뚜껑을 여니 계피와 포도주가 섞인 향이 마스크를 뚫었다. 테이블 위에 착지하던 눈은 뱅쇼 안으로도 들어가 몸을 녹였다. 그 모습이 예뻐서 우리는 계속 뚜껑을 열어두었다. 끓였으니까 술맛이 전혀 나지 않을 거라고 예상한 것과 달리 뱅쇼는 제법 내 혓바닥을 자극하는 알코올이었다. 한 잔만 산 게 다행이라고 생각하며 박서우에게 뱅쇼를 양보했다.

"부쿠시나."

뱅쇼를 마신 박서우가 또 러시아어를 옹알댔다. 표정을 보아하니 '맛있다'일 수밖에 없네. "부쿠시나"를 연달아 외치는 박서우의 털모자 위로 눈이 쌓였다. 하늘이 어두워지니 진눈깨비가 함박눈으로 진화해 참 성실히도 내렸다. 조명 때문인지 눈도 더 환해 보였다. 얼굴 구석구석에

이 공기를 다 맞고 싶어서 마스크를 턱에 걸쳤다. 가벼운 만큼 빠르게 내리는 눈을 하염없이 맞았다. 부모가 아이를 부르는 소리, 아이들의 웃는 소리, 캐럴 소리, 종소리, 무언가를 사고파는 소리, 즐거운 대화에 웃음이 터져버린 소리, 놀이기구가 시작되고 끝나는 소리 등 귀로 들어오는 소리는 많은데 코 뒤에서부터 배꼽까지 빠르게 순환하는 내 숨의 동선이 가장 크게 들렸다. 숨이 몇 바퀴 돌고 나니 감정으로 번졌다. 벅찼다.

"눈 되게 경쾌하게 내린다. 눈으로 듣는 캐럴 같아."
탄성하듯 한 글자, 한 글자를 발음할 때마다 입김이 새어 나왔다. 입을 벌리고 한참을 서서 구애춤을 추는 크리스마스 마켓을 구경했다. 크리스마스는 정말 밤이 잘 어울리는구나. 예수님은 생전에 밤보다 낮에 더 많이 활동하셨을 것 같은데. 다들 낮보다는 밤에 더 행복해 보이네. 12월에 크리스마스가 없었다면 어땠을까. 12월을 마치 일요일 밤 취급하며 12월 1일부터 얼굴을 한껏 찌푸리고 다녔겠지. 한 해가 끝나는 것은 해가 거듭될수록 아쉬우니까. 미련이 덕지덕지 묻은 12월 안에서 크리스마스라는 이벤트가 종교를 불문하고 세상 모두에게 얼마나 생명력 넘치는 설렘을 주는지 머나먼 러시아의 땅 위에서 나는 인정할 수밖에 없었다.

"부산에서 크리스마스에 이렇게 눈 내리면 2002년 월드컵처럼 길이길이 기억될 텐데."

"언니, 나한테 여행 다녀본 곳 중에 어디가 가장 좋았는지 물어봐 봐."

"어딘데."

"아가씨, 로맨틱하게 물어봐 주세요."

"은영이 너가 여행 다녀본 곳 중에 어디가 대박 캡숑 좋았어?"

"모스크바 크리스마스 마켓!"

붉은 광장의 크리스마스 마켓이 추는 구애춤은 정말이지 대박 캡숑 황홀했다.

희미한

오로라,

선명한 농담

나에게는 사회적으로 학습된 버킷리스트가 하나 있다. 오로라 보기. 버킷리스트를 제대로 적어본 적도 없으면서 왠지 오로라를 가슴에 품지 않으면 낭만 잃은 청춘 같아서 일단 간직해둔 버킷리스트였다. 보통 오로라는 겨울에 북유럽으로 가야 잘 보인다고 알려져 있는데, 러시아에도 오로라를 볼 수 있는 곳이 있었다. 심지어 세계에서 오로라를 가장 저렴하게 볼 수 있는 곳. 무르만스크.

모스크바에서 시베리아 횡단열차를 타고 19시간을 내리 달려야 도착하는 러시아 최북단에 위치한 도시였다. 벌써 썸네일 각이 나왔다. '오로라', '러시아', '시베리아 횡단열차'. 이 세 단어의 조합은 가히 완벽했다. 게다가 유튜브에서 본 시베리아 횡단열차는 로맨스의 장이었다. 기대하지는 않지만, 또 사람 일이 어떻게 될지 모르니 손이 잘 닿는 백팩 호주머니에 구강 청결제도 넣어두었다.

겨울의 장기간 여행이다 보니 박서우와 나는 30인치 캐리어를 끌고 왔다. 제네시스 택시 트렁크에도 다 들어가지 못해 한 개는 뒷좌석에 실어야 할 만큼 몸집이 큰 캐리어를 손에 쥐고 떨리는 심장을 부여잡고 시베리아 횡단열차에 올랐다. 올랐는데….

"캐리어 어떡해?"

"미치겠네."

우리는 열차 복도 쪽 위아래 두 자리로 꾀를 내어 예약했는데 이것이 시발점이었다. 복도석 좌석은 짐 놓을 공간이 협소했다. 이전 역에서부터 타고 온 사람들이 이미 짐을 놓을 만한 곳들에 꽉꽉 채워 넣은 상황이었다. 우리 캐리어를 넣으려면 맞은편 남의 좌석 제일 위 칸에 구겨 넣어야 할 것 같은데 조용한 분위기에 영어도 나오질 않고, 한국어는 더더욱 나오질 않았다. 두리번두리번. 계속 두리번거렸지만, 두리번거린다고 사람들은 도와주지 않는다는 지혜만 얻었다. 복도의 한가운데에 박서우와 둘이 있는데도 사무치게 외로웠다. 우리 뒤로 사람들은 계속 열차에 탑승하고 있었고, 우리는 열차 안 복도에 각자의 캐리어와 함께 바보처럼 안절부절 서 있을 뿐이었다. 그 와중에도 사람들이 지나갈 때마다 캐리어를 계속 이리저리 굴리며 열심히 공간을 만들어주는데도 좁은 복도는 우리 캐리어 때문에 통행하기 여간 불편한 게 아니었다. 기차역까지 걸어오면서 캐리어 위에 쌓인 눈이 녹아서 울고 있는 것처럼 보였다. 나도 울고 싶다.

"캐리어 주세요."

우리보다 덩치가 작은 콧수염 아저씨가 보다 못해 우리 캐리어를 달라고 했다. 복도는 사람들이 지나다녀야 하니까 이 상황을 헤쳐 나가자고. 아저씨는 근처에 앉아 있는 뽀글머리 청년에게 우리 캐리어를 같이 올려주자고 제안했다. 뽀글머리 청년도 쿨하게 고개를 끄덕이고 아저씨와 함께 우리의 캐리어 두 개를 본인 좌석 위 칸에 올려주었다.

"스파시바, 스파시바."

"무르만스크까지 가요?"

"네, 무르만스크까지 가요."

고맙다고 연신 인사를 하고, 우리의 최종 목적지를 얘기해 주었다. 나중에 내릴 때 생각해 보니, 청년도 무르만스크 근처까지 가는지라 본인 좌석의 짐칸에도 올려도 된다고 판단한 듯했다. 곧이어 좌석에 앉자마자 승무원이 와서 우리 여권과 티켓을 검사했다. 굉장히 빠른 러시아어로 설명해 주는데 들릴 리 없었다. 이 적막한 열차 안에서 내 속만 시끄러운 듯했다.

"나 언니 없었으면 오열했어."

"나도 마찬가지야."

"저분들한테 이 은혜를 어떻게 갚지?"

"핫팩 드릴까?"

지금 우리에게 가장 소중한 것은 핫팩과 컵라면이니까. 가정 교육을 잘 받은 우리는 은혜 갚을 방법에 대해 티키타카 하다가 꼬르륵 소리에 회의를 멈췄다. 19시간을 달려야 하고, 아직 시간은 많이 남았으니까. 미리 사 온 KFC 트위스터를 꺼냈다. 몇 입이나 먹었을까, 늦은 밤이라 그런지 금세 소등됐다. 어두운 곳에서 조용히 먹으려니 밤에 엄마 몰래 주방에서 고기를 주워먹던 시절이 떠올랐다. 그땐 왜 그렇게 몰래 먹었을까? 엄마는 밤에 먹는다고 뭐라 할 사람이 아닌데. 어깨 펴고 당당하게 먹어볼까 하고 다시 주변을 둘러보았다. 아니다. 이곳은 다르다. 이 열차 안에 엄마는 없다. 로맨스도 없고. 아무도 나를 쳐다보지 않는데 그게 오히려 더 긴장되었다. 창밖을 바라보았다. 입을 굳게 다물고 다 식어버린 트위스터를 아주 고요하게 씹는 내 모습만이 비칠 뿐이었다.

16시간은 꿈꾸듯 지나갔다. 자다 깨서 밖을 바라보면 내 허리만큼 쌓인 눈이 보였다. 예쁘다고 쳐다보다 잠깐 또 잠이 들었다 깨서 보니 뽀글머리 청년은 사라졌고, 쉽사리 떠지지 않는 눈으로 창밖을 주시하니 안내판에 '무르만스크'라고 적혀 있었다.

무르만스크에 내리자 나를 휘감는 냉기가 남달랐다. 무르만스크의 어디엔가 엄청나게 커다란 드라이아이스가 있는 게 아닐까 싶을 정도로 차가웠다. 우리를 도와주었던 콧수염 아저씨도 내리는 중이었다.

"시내까지 택시비는 이 정도면 돼요. 더 많이 줄 필요 없어요."

서른 살 넘은 우리가 손녀 같은 건지, 한껏 걱정스러운 얼굴로 루블 지폐를 꺼내 따뜻한 경고를 해주었다. 지구는 뭐든 치우쳐지는 법이 없다는 생각이 들었다. 춥다고 생각하니 이렇게 또 따뜻해지네. 아저씨는 우리가 열차에서 쥐여 드린 핫팩을 흔들며 먼저 떠났다.

밤이 되자 한 남자가 우리 숙소 앞으로 찾아왔다. 남자는 오로라 헌팅 업체의 사장이었다. 2년이 지난 지금 그의 이름이 기억나질 않아 앞으로는 헌터 아저씨라고 부를 예정이다. 헌터 아저씨는 SUV를 끌고 왔는데 차 안에는 박서우와 나 그리고 헌터 아저씨뿐이었다. 아무래도 아직은 해외여행이 까다로운 시점이었던지라 썰렁한 분위기였다. 헌터 아저씨는 투박한 영어로 이런저런 이야기를 쉴 새 없이 해주었다.

"오늘 오로라 지수가 낮아요. 그래도 우리는 갑니다.
내일은 더 안 좋거든요."

지금 오로라가 어딘가에 피기라도 했는지 헌터 아저씨의 운전이 다소 거칠었다. 이 밤에 터프한 코너링에 심장이 쪼그라든 나는 안전벨트를 동여매고, 손잡이를 꼭 잡았다. 숙소가 있던 마을의 빛이 저 멀리 반짝거렸다. 그보다 더 반짝이는 눈으로 창문 너머의 까만 하늘을 하염없이 바라보았다. 하늘을 보는 게 지루해질 때까지 차는 멈출 줄 몰랐다. 마을의 빛도 더 이상 보이지 않고, 큰 나무들의 실루엣만 계속 이어지자 헌터 아저씨는 창문을 내렸다. 하늘을 살피더니 뭐가 보인 건지 갑자기 핸들을 돌려 부아앙 밟기 시작했다. 정말 말 그대로 오로라 사냥이었다.

"저기 보이죠."

전면 유리로 하늘을 보기 위해 허리를 접어 고개를 쑤셔 넣어봐도 대체 뭐가 보인다는 건지 알 수가 없었다.

"아… 네… 보여요…."

아니면 아니라고 말할 줄 모르는 나는 그냥 초록색이 희미하게 보이는 것 같다고 믿어버렸다. 안 보이면 억울하니까. 헌터 아저씨는 누군가와 통화를 하며 계속 하늘을 살피고 터프한 운전을 이어갔다. 산속에서 카트라이더 놀이를 20분 정도 했을까. 오로라를 보러 19시간 열차를 타고 무르만스크에 왔지만 어쩌면 못 볼 수도 있겠다는 생각을 마음에 적어두었다. 저 멀리 우리와 같은 SUV 그리고 사람들이 보이기 시작했다. 차 문을 열고 나서자 차가운 밤공기가 볼을 스쳤다. 고개를 들어 하늘을 올려다보았다.

"이게 오로라인 거지?"

기대를 실어 밀어 올린 시선의 끝에 닿은 까만 하늘에는 아주 희미한 초록빛이 흐드러져 있었다. 혹시 몰라서 눈을 오래 감았다 다시 하늘에 시선을 꽂아 봤지만 여전히 초록빛은 기분만 내고 있는 수준이었다. 오호라, 연두색 그림자 같은 이것이 오로라구나. 헌터 아저씨는 분주하게 삼각대를 세우고 우리를 앞에 세웠다.

'하나, 둘, 셋, 넷, 다섯, 여섯, 일곱… 대체 언제 찍는

거지?'

"찰칵!"

어두운 곳에서 오로라와 함께 찍는 사진은 10초 정도의 시간이 필요했다. 헌터 아저씨는 뿌듯한 광대를 치켜세우며 큼직한 카메라를 가져와 우리에게 방금 찍은 사진을 보여주었다.

"우와! 엄청 진하게 나오네!"

눈으로 보는 것보다 훨씬 초록빛이 진했다. 사진에서라도 오로라가 선명하게 보이니 갑자기 마음이 들뜨기 시작했다. 나도 어쩔 수 없는 SNS 중독자구나. 박서우와 나는 열심히 포즈를 취하며 사진을 찍어댔다. 사진을 찍다가 하늘을 올려다보면 오로라의 위치와 모양이 조금씩 달라졌다. 오로라가 움직이고 있다는 생각에 어쩐지 생명처럼 느껴졌다.

'너는 내 버킷리스트였어. 널 보러 열차에서 19시간을 보냈는데 그저 너무 설레더라. 근데 오늘은 너가 기력이 좀 없네. 뭐, 그런 날이 있지. 오늘보다 더 진하고 더 선명할 때도 있겠지. 그 예쁜 자태는 나보다 너를 간절히 기다려온 사람 앞에 보여줘.'

지나온 모든 풍경이 꿈같았다.

"Okay, here!"

사진이 잘 나오는 스팟을 찾은 헌터 아저씨의 부름에 신나게 달려갔다. 우리 셋은 다시 숨죽이며 그 찰나의 순간을 10초 동안 붙잡았다.

다시 모스크바로 돌아가는 열차는 복도석이 아닌 안쪽 좌석으로 예매를 마쳤다. 박서우와 나는 서로 힘을 모아 영차영차 캐리어를 제일 위 칸에 올리고 시트에 털썩 앉았다. 벌써 여행 막바지네. 여행의 시간은 탄력이 붙어서 시간이 갈수록 더 빠르게 흐른다. 시내에서 사 온 푸석푸석한 빵에 크림치즈를 두껍게 발라 한입 물었다. 러시아는 유제품이 유난히 맛있다. 크림치즈가 치아 여기저기를 느끼하게 쓰다듬고 지나가면 나는 너무 좋아서 삼키기도 전에 다시 빵에 크림치즈를 쌓았다. 씹으면 씹을수록 고소하고 씁쓸하고 느끼했다. 러시아와 참 잘 어울리는 맛의 범벅이었다.

"ㅍ… ㄹㅂ… ㅎㅁㄴ…."

'뭐지? 기도하는 소리인가?'

어디선가 공기가 가득 섞인 말소리가 들려와서 쳐다보니 복도석에 앉은 한 남자가 노트에 적힌 글을 읽고 있었다.

그을린 피부에 진한 눈썹이 왠지 이탈리아나 남미 사람 같았다.

'어? 눈물 흘리는 거야?'

남자는 손가락으로 눈물을 훔쳐가며 계속 노트를 읽어 내려갔다. 대체 무슨 서사가 있길래 열차에서 저렇게… 걱정과 흥미로움이 섞인 눈으로 쳐다보다 다시 빵과 크림치즈를 열심히 씹었다.

"당신들 유튜버예요?"

조그만 액션캠을 세워놓고 빵을 먹고 있던 우리에게 눈물을 훔치던 남자가 다가와 물었다. 남자의 자리는 우리의 맞은편이었다.

"네, 맞아요."

"카테고리가 무엇이에요?"

"여행이에요."

"구독자 몇 명이에요?"

"100만 명이에요."

"100만 명이요? 우와, 대단하네요!"

"아, 아니다! 1만 명이에요!"

해외여행에서 내가 제일 싫어하는 내 모습이다. 대화를 걸어오는 외국인에게 쫄아서 '은영 영어 사전'에서 로그

아웃 당해 알던 단어도 틀리고, 질문은커녕 대답만 겨우 겨우 하는 쫄보의 모습.

"우리가 영어를 잘 못해요. 히히."

"그렇지 않아요. 매우 잘해요! 어느 나라 사람이에요?"

"우리는 한국인이에요. 러시아에 여행 왔어요."

"저는 에반드루. 브라질 사람이고 러시아에 공부하러 왔어요."

내가 쫄아 버린 것을 눈치챈 박서우가 대화를 이어갔다. 우리는 서로 자국의 평균 월급 사정에 대해 궁금해했고, 서로의 나라에 가보지 않았지만 언젠가 가보고 싶다는 다정한 거짓말도 사이좋게 주고받았다. 당연히 불닭볶음면의 맛과 인기에 대해서도 이야기했다. 외국인과 나눌 수 있는 지극히 평범한 대화임에도 우리는 여러 번 동시에 피식거렸다.

"어… 그… 뭐더라… 아, 영어로 뭐라고 하더라…."

"힘내! 할 수 있어! 포기하지 말고 설명해 봐!"

"깔깔깔깔깔! 힘내래!"

에반드루는 유쾌하고 너그러웠다. 박서우가 영어를 버벅거리면 응원해 주었고, 그 상황이 너무 웃겨 우리가 웃음이 터지면 에반드루도 따라 웃었다. 우리는 어느새 소소한 조롱을 섞어가며 농담을 주고받을 만큼 외국인 남자가 편해졌다.

"사실 아까 너 노트 읽으면서 우는 거 봤어. 너 배우야?"

"하하, 봤구나. 배우 아니야. 애인이 무르만스크에 있어. 나는 모스크바에서 공부 중이고. 오랜만에 만났는데 다시 이렇게 헤어지는 게 슬퍼서 내가 좋아하는 시를 읽었는데 눈물이 났어."

에반드루는 로맨틱한 이야기를 줄줄 읊어대며 부끄러운 듯이 웃었다. 너 정말 괜찮은 남자구나.

"너네 에피파니 세례 알아?"

"에… 에 뭐? 우리가 알 리가."

"1월 19일에 얼어붙은 호수를 깨서 그 물에 세 번 몸을 담그는 거야. 죄를 씻는 정교회 행사야."

"이렇게 추운데 얼음물 안에 들어간다고?"

"응, 나는 작년에 해봤는데 생각보다 춥지 않아. 너네도 같이할래?"

"미쳤다. 눈 내리는데?"

박서우와 나는 대답 대신 서로를 쳐다보았다. 열차는 모스크바에 다다르고 있었다.

1월 19일 밤, 우리는 에반드루와 모스크바의 한 공원 연못에서 만났다. 이미 많은 러시아 사람이 수영복만 입고 들어가서 점프하듯 세 번 몸을 들썩였다. 여자보다는 남자가 훨씬 많았고 경찰도 많이 서 있었다. 에반드루는 저기서 옷을 벗고 오면 된다며 이글루처럼 생긴 텐트를 가리켰다.

"심장 얼어버리면 어떡해?"

"푸틴 할아버지도 매년 한다더라."

옷을 하나씩 벗겨 낼 때마다 심장이 빠르게 뛰었다. 수영복은 당연히 없는지라 개중에 가장 가볍고, 가장 짧은 반팔 티셔츠와 잠옷 반바지를 입고 이글루 텐트에서 나오자 미처 밀지 못한 다리털이 쭈뼛 섰다.

"ㅇㅇㅇㅇㅇㅇㅇㅇㅇ."

"와, 에반드루, 안 추워?"

"문제없지."

빨간색 수영복만 입은 에반드루가 먼저 나섰다. 연못으로 들어가는 계단은 얼음이었다. 유경험자인 에반드루는 씩씩하게 얼음 계단을 지나, 까만 연못 안으로 들어가서 머리끝까지 물속에 담갔다 뺐다를 세 번 반복했다.

"언니가 먼저 해."

"참나, 알았다. 갔다 올게."

박서우는 두르고 있던 외투를 내게 맡기고 에반드루가 지나온 길을 걸었다.

"엄마! 엄마!"

뾰족한 비명을 지르며 박서우는 금세 얼음물에 목까지 담갔다. 순식간에 세 번 얼쑤, 얼쑤, 얼쑤 하고 호다닥 나오자 박서우의 몸에서는 하얀 김이 피었다. 울지 않는 게 기특해서 바로 수건을 덮어주었다. 흰 수건을 링 위에 던지고 싶은 마음을 뒤로하고 나도 얼음 계단에 발바닥을 포갰다. 한겨울 입수는 옛날 예능 프로그램에서나 봤지, 내가 실제로 하게 될 줄이야. 입수를 위한 입수가 아닌 엄숙한 종교의식인지라 평소처럼 호들갑을 떨 수도 없었다. 발가락을 새까만 연못 물속에 넣었다.

'어? 생각보다 참을 만한데?'

밖도 추워서 그런지 얼음물도 제법 버틸 만한 온도였다. 여기서 질질 끌었다가는 무조건 감기다. 스피디하게 움직이는 거야. 빠르게 더 새까만 물속으로 걸어 내려가서 공백 없이 움직였다.

'성부와! 성자와! 성령의 이름으로!'

속으로 외치며 콩! 콩! 콩! 세 번 뛰었다. 여행 중 종교의 기운이 센 곳에서는 늘 짧게라도 기도를 올리곤 했다. 나는 무교지만, 그래도 다들 좋으신 분들이니 한 번은 나를 품어주실지도 모르니까. 심지어 에피파니 세례는 신성한 찬물에 들어가서 내 죄를 씻는 것이니 이왕 들어온 김에 가끔 잠이 오지 않는 밤, 이불 안에서 문득문득 떠오르던 지난날의 죄를 벗겨 내자.

제일 먼저 떠오른 죄 하나는 동생에 대한 무시였다. 학창 시절 야구하던 동생이 프로 리그에 입단하지 못하고 대학에 진학했다. 적성에 맞지 않아 휴학한 동생은 아르바이트를 전전했다. 내가 스물여섯, 동생이 스물넷이던 해에 식탁에 앉아 게임 유튜브를 보며 밥 먹고 있던 동생을 보며 '저 녀석 뭐 해서 먹고살려나' 걱정을 빙자한 무시를 속으로 웅얼거렸었다. 8년이 지난 지금, 동생은 누구보다 부지런히 프리랜서로 자기만의 일을 하며 또래보다 높은 월 수익을 내고 있다.

두 번째 죄는 초등학교 6학년 때 롯데월드 화장실에서의 일이다. 변기에 앉아 오랜 시간 사투를 벌인 뒤 휴지를 당겼는데 애매한 길이로 끊겨버렸다. 개운할 수는 없겠지만 절약한다면 어찌저찌 해결은 할 수 있는 양이었다. 아마

내 인생 최고의 현명한 순간이 아니었을까 싶을 정도로 신중하고 지혜로웠다. 아름답게 정리하고 나오는데 아주머니가 많이 급하셨는지 나를 치고 들어갔다. 그 짧은 찰나에 휴지가 없다고 말해야 하나 말아야 하나 고민하다가 어깨빵의 여운에 곧장 세면대로 향했다. 거울 너머 화장실 칸에서는 경쾌한 소리가 나기 시작했고, 수줍음 많던 나는 휴지 없다는 말을 끝내 하지 못한 채 화장실을 나왔다.

"휴지 없어요."

이 다섯 글자를 왜 뱉지 못했을까. 초등학생 6학년 딸이 있어도 어색하지 않은 나이가 된 지금도 가끔 아주머니의 하얘진 얼굴이 떠오른다.

마지막 세 번째 죄는 해방촌의 대성교회 앞에서의 일이다. 친구들과 놀러 갔다가 대성교회 주차장 앞을 지나는데 '찍찍!' 쥐의 울음소리가 들려왔다. 평소에 쥐를 매우 무서워하고 싫어하며, 설치류는 웬만하면 쳐다도 못 보는 나는 소름이 쫙 끼쳤다. 내 눈에 보이지 않으니 더 공포스러워서 '쥐PS'를 켰다. 그 당시 대성교회 주차장 앞에는 바퀴 달린 쇠문이 있었는데 쥐는 그 밑에서 사람들이 지나갈 때마다 울어대고 있었다. 자세히 들여다보니 이 녀석의 꼬리가 바퀴에 끼여서 아무리 발버둥 쳐도 벗어나지 못하는 상태였다. 무서운 건 무서운 거고, 너무 불쌍해서 도저히 그냥 지나칠 수가 없었다. 친구에게 문을 살짝 들어 올려서 도망가게 해주자고 이야기를 마치고 다가가니 이 녀석이 더 발악하기 시작했다.

"야, 너 도와주려고 그러는 거야. 나 쥐 안 먹어."

친구와 힘을 합쳐 쇠문을 들어보려고 했는데 보기보다 더 무거워서 꿈쩍도 하지 않았다. 오히려 살짝 들썩거린 탓에 바퀴가 움직여 놀라 뒤집어진 쥐는 온 힘을 다해 비명을 지르고 발버둥 치더니 본인 꼬리를 뜯어내 도망가 버렸다. 그 모습이 너무 충격적이고 미안해서 친구와 그 자리에 한동안 멍하니 서 있었다.

사소할 수 있지만 이따금 잠 못 드는 밤, 내 침대에 찾아오는 찝찝한 죄들. 머나먼 러시아의 연못에서 다 씻어내고 훌훌 털고 가야지.

오늘은 러시아에서의 마지막 밤. 에반드루, 박서우 그리고 나, 셋 모두가 에피파니 세례를 무사히 마치고 모스크바 성 바실리 대성당으로 밤 산책을 떠났다. 이 마지막 산책은 색감 예쁜 영화 같았다. 커다란 건물과 높은 나무,

넓은 도로. 작은 거라고는 인간뿐인 맑고 차가운 길에는 거슬리는 잡음 하나 없이 깔끔한 소리만 가득했다. 겨울에 초등학교 앞에서 하교하는 아이들을 보면 볼이 빨개진 채로 열심히 떠들던데, 우리 셋도 꼭 그랬다. 떠들다, 웃다, 걷다, 멈췄다를 반복했다. 추위도 모른 척하며 열심히 걸었다.

"왜 러시아에는 이 핫팩을 안 파는 거야. 내가 수입하고 싶다."

에피파니 세례를 마치고 우리가 건네준 핫팩을 계속 만지작거리던 에반드루가 말했다.

'이 친구, 전기장판 보면 한국으로 귀화하겠구만.'

모스크바의 밤은 신기하게 푸르기보다는 따뜻한 빨간빛을 띠었다. 붉은 하늘을 구경하며 우리는 성 바실리 대성당 앞에 다다랐다. 눈 내리는 밤의 성 바실리 대성당은 또 다른 매력을 뽐냈다. 에반드루를 보니 진심으로 감동받은 눈빛이었다. 그러나 감상 시간을 몇 분 못 버티고 박서우와 에반드루는 괴상한 몸 게임을 시작했다. 다리를 고정하고 손으로 서로를 잡아당겨서 바닥에서 상대의 발을 떼게 하는 게임이었다. 이유도 목적도 없이 일단 열심히 서로의 손을 잡아당기는 모습이 황당하고 귀여웠다. 아무리 다부진 몸이라도 남자를 이기기는 어렵지.

"아, 아쉽네!"

"스파시바."

"에반드루, '시바'라는 말이 한국에서는 욕이야. 그래서 한국인들이 장난칠 때 '스파시바'에서 '시바'에 힘줘서 발음하곤 해."

"정말? 스파 시 바."

박서우의 어금니는 팝콘처럼 가운데에 전부 금이 씌워져 있었는데, 박서우는 그 팝콘 네 개를 활짝 다 보여주며 크게 웃었다. 나도 고개를 젖히고 크게 웃고, 에반드루도 배를 잡고 크게 웃었다. 이렇게 편하고 유머 코드마저 잘 맞는 친구를 만나다니. 눈물이 고일 만큼 실컷 웃었다. 붉은 하늘 아래서 눈을 맞으며 아이처럼 웃어대는 박서우와 에반드루를 나 역시 웃으며 계속 바라보았다. 여행의 온도를 정하는 건 이런 순간이겠지.

나의 오랜
비즈니스 파트너에게

언니, 안녕!

매일 이야기를 나눠도 할 얘기가 많은데, 또 이렇게 편지를 쓰려니 목젖에 소름이 턱 돋아서 할 말이 떠오르질 않네. 올라간 입꼬리를 내리고 편지를 쓰려니까 돌고 돌아 언니를 처음 봤을 때가 떠오른다.

대학교 2학년 1학기 첫 수업에 언니는 편입생으로 들어왔지. 오랜만에 일찍 도착한 강의실에 언니가 서 있었는데 얼굴은 되게 작고, 옷은 화려했어. 첫날이라 설레기도, 낯설기도 한 복잡한 심정일 텐데 그런 감정이 하나도 보이지 않을 만큼 표정은 시니컬했지. 한눈에 나는 언니가

YG엔터테인먼트를 좋아하고, 2NE1 팬이라고 확신했어. 빅뱅도 탐낼 만한 언니의 바지에는 귀엽게 생겼지만 정체를 모르겠는 동물이 연초를 피우고 있었어. 자세히 들여다보니 바지가… 바지가 아닌 거야! 기저귀 갈기 편하게 만든 아기들 바지처럼, 가랑이를 가운데에 두고 양쪽으로 박음질이 돼있었는데 나중에 언니는 그게 후드를 리폼한 바지라고 말해줬어. 귀에는 아찔한 서지컬 귀걸이들이 걸려 있었는데 개중에 한 개는 언니의 목을 할퀴지는 않을까 걱정될 만한 원뿔 형태의 뾰족한 피어싱이었어. 다친 적은 없는 거지? 과거의 언니가 걱정되네. 지금 생각해 보니 참 깔롱쟁이였다. 패션으로 사람을 판단하면 안 되는데, 나는 언니랑 친해지지 않을 것 같다고 생각했어. 왜냐면 내 주변에 없는 캐릭터였거든.

"언니, 화장실 같이 갈래요?"

내가 왜 이런 말을 했을까. 긴 공백 시간을 버티지 못하고 한다는 말이 고작 화장실이라니. 나, 다른 동기 그리고 언니, 셋뿐인 강의실에서 언니는 웃음기 전혀 없는 얼굴로 나를 몇 초간 바라보고 대답했지.

"아니요."

웬만하면 같이 나설 법도 한데 언니는 싫은 건 싫은 거였지. 나는 쿨한 척 입을 다물고 바로 혼자 화장실로 달려갔지. 걸어갔는데, 마음은 달려가는 기분이었어. 나중에 언니가 그랬잖아. 같이 있던 동기가 내가 강의실을 나가자마자 "은영 언니가 언니랑 친해지자고 말한 거잖아요"라고 다정하게 나무랐다고. 그리고 언니는 "아, 그래요?"라고 답했다고. 그랬나 봐. 나는 친해지고 싶었나 봐. 친해지지 않을 것 같다고 생각했으면서 그 생각을 거스르려고 했던 거지.

한 달, 한 학기, 한 학년이 지나면서 내 판단은 다 편견임을 깨달았어. 언니는 소녀시대의 팬이었고, SM엔터테인먼트를 가장 좋아했지. 그리고 우리는 3학년이 되어서야 친해졌어. 남자 동기들은 군대로 떠나고, 여자 동기들은 휴학과 취업으로 몇 명 남지 않아서 어쩔 수 없이 친해졌긴 하지만 그것 또한 운명이겠지.

그리고 3학년 쯤, 내가 언니랑 오래오래 친해지고 싶다고 생각한 적이 있었어. 선배 중 한 명이 SNS에 본인 PR 영상을 자주 올렸는데, 내 양 볼이 조금 뜨거워지는 영상들이었지. 나만 그런 게 아닌 것 같았던 게 하트 수가 점점 줄어들더라고. 여느 날처럼 수업이 끝나고 밥을 먹고 돌아오는 길에 내가 넌지시 얘기했어.

"그 선배, SNS에 영상 올리는 거 오글거리지 않아?"
지금 생각해 보면 '남들 시선 신경 쓰지 않는 꿋꿋한 모습이 부럽다'라는 속마음 대신 멍청한 말이 툭 튀어나와 버린 거야. 니체가 말했지. "비난하다 보면 늘 나를 드러내게 된다"라고. 그땐 몰랐지, 그게 질투인지.

"뭐 어때. 본인 마음이지."
요즘이야 각자의 개성이 존중되고, 남한테 신경 끄자는 마인드가 주류지만, 10년 전에는 그런 사람이 많지는 않았거든. 23년 인생에서 이런 경험은 처음이었어. 은은하게라도 고개를 끄덕거려 주지 않는 사람은 언니가 처음이었어. 그런데 나는 언니가 밉지 않았어. 멋있었어. 그리고 나 스스로가 너무 부끄러웠어. 우리가 대화를 나눌 때 언니는 종종 나를 부끄럽게 만들어. 나를 수시로 부끄럽게 만드는 언니가 오래오래 내 옆에 있었으면 좋겠어. 언니랑 계속 수다 떨면서 부끄럽고 싶어. 내 편협한 생각들을 언니한테 자주 들키고 싶어.

매년 한 번씩 하은이와 셋이 같이 여행 다니다가 내가 여행 유튜버를 같이 해보는 게 어떻겠냐고 제안했을 때 언니는 어떤 마음이었어? 난 사실 별생각 없었어. 예대 졸업 후에 마땅한 진로를 결정하지 못한 우리 둘이 힘과 재능을 합치면 꽤 괜찮을 것 같다는 좋은 예감만 있었어. 우리가 5년이라는 시간을 쏟아부을지도 몰랐고, 종종 눈물을 흘릴지도 몰랐고, 밤을 새워도 이렇게 즐거울지도 몰랐어. 언니가 세계 각국의 음식들에 대한 탐구심이 이렇게 높은지도 몰랐고, 꽤나 용감한 편인 언니가 벌레를 이렇게나 무서워하는지도 몰랐어. 언니는 벌레가 나오면 불쌍한 척 눈에 별을 박고 나한테 휴지를 쥐여줬지. 근데 있잖아, 나도 벌레 무서워해. 하지만 우리 둘뿐인데, 둘 다 무서워하면 끝날 수 없으니까 용기 내서 죽인 거야. 벌레를 짓누른 건지, 먼지를 짓누른 건지도 모를 만큼 최대한 휴지를 뚱뚱하게 뭉쳐야만 했어. 가끔은 너무 푹신한 엠보싱에 벌레가 죽지 않을 때도 있었지. 회상하니 손등에 소름이 돋네.

그리고 말이 나와서 말인데, 언니가 여행 다닐 때 팬티를 몇 장 안 가져오는 건 괜찮아. 팬티 한 장을 빨아서 몇 날 며칠 입는 것도 괜찮아. 그런데… "김은영, 이거 냄새 맡아봐. 샴푸로 빨아서 향기 나." 이건 안 괜찮아. 언니 팬

티에서 샴푸 냄새가 나든, 참기름 냄새가 나든, 치킨 냄새가 나든 나는 안 맡고 싶어. 궁금하지 않아. 그 향기는 혼자 간직했으면 좋겠어. 그리고 힘든 여행을 끝낸 후에 숙소에 돌아와서 마사지해 주기 게임 제안하는 것도 괜찮고, 나한테 먼저 마사지사가 되라고 하는 것도 괜찮아. 기분 좋은 표정 숨기지 않고 간접 조명으로 바꾸고, 침대 위에 누워서 마사지 음악 틀고 기다리는 것도 괜찮아. 그런데 마사지를 받았으면 나도 해줘야 하잖아. '은영이가 서우에게 마사지해 주기 게임'이 아니잖아. 왜 내가 해달라고 큰 소리 내야 해주는 척하다가 마는 거야. 이런 식이면 앞으로의 우리 우정은 나도 장담 못 하겠어. 시정해 줘.

나는 내가 나이 드는 건 슬프지 않은데, 언니는 나이 들지 않았으면 좋겠어. 왜냐면 언니가 샤워하기 전에 속옷만 입고 춤출 때가 너무 즐거워. 어쩜 그렇게 근력과 지방이 조화롭게 배치돼서 춤선이 쫄깃한지, 매번 봐도 볼 때마다 하은이와 나는 배가 찢어져라 웃지. 속옷만 입은 언니를 상상하니까 문득 드는 생각이, 언니는 참 '시' 같은 사람이야. 짧지만 힘이 세. 방금 열 받았지? 놀리는 것도 맞는데, 진심으로 언니는 나한테 가장 힘이 센 사람이야. 겁이 많고, 사서 걱정을 하는 나는, 겁이 없고 걱정이 적은 언니한테 배운 게 참 많아. 언니한테 배운 세상을 적용하면서 나 홀로 헤쳐 나가기도 하고, 또 누군가에게 그 세상을 들려주기도 해. 덕분에 나는 상황에 따라 단단해지기도, 물렁해지기도 할 수 있는 사람이 된 것 같아.

우리가 처음 강의실에서 만난 대학교 2학년 때와 달리 나는 이제 세상에 영원한 건 없고, 100퍼센트라는 수치는 믿을 수 없다는 것을 깨우친 징그러운 어른이 되어버렸어. 그래서 우리가 영원히 친하게 잘 지낼 수 있다고 100퍼센트 확신하지는 않아. 대신에 우리의 연이 닳아버리는 순간까지 어색한 칭찬보다는 웃긴 농담을 주고받는 사이였으면 좋겠어.

나는 이제 사랑이라는 단어가 얼마나 가볍고, 얼마나 무거운지 잘 알기에 여기저기에 사랑이라는 말을 잘 갖다 붙이고, 이 사람 저 사람에게 사랑한다는 말을 곧잘 쓰는데 왠지 언니에게만큼은 쉽사리 입이 떨어지질 않더라. 언니가 아프지 않았으면 좋겠고, 예쁜 사랑을 했으면 좋겠고, 자주 웃기를 바라고, 잘 자고, 잘 일어나기를 바라.

주절주절 쓰다 보니까 수신자는 언니인데, 언니에게만은 보여주고 싶지 않은 편지가 된 것 같아. 맨날 이야기 나누는 사이에 이 상냥한 글씨들이 새삼스러워서 소름이 쫙 끼치네. 아마도 마지막 편지가 되지 않을까 싶어. 우리의 수익을 7 대 3 아니, 6 대 4 아니, 5.5 대 4.5로 나눠도 전혀 아깝지 않을 언니! 이 편지를 보고 조금이라도 감동받았다면 올해 미국 여행 가서 NBA 직관 한 번 더 보는 건 어떤지 생각해 봐줘.

마지막으로, 혹시라도 훗날에 내가 언니를 할퀴어서 상처가 여물지 않을 때, 딱 한 번은 이 편지를 다시 읽어줘. 마음이 풀린다면 풀어줘. 그리고 우리 다시 잘 지내보자.

_ 당신의 오랜 비즈니스 파트너로부터

은영, ～～～～

파리에
＿＿＿＿
가다

내게도 출근해도 짜증이 나지 않는 월요일이 있었다. 손가락이 키보드와 마우스 위를 날아다니고, 신속하게 끝난 업무 덕에 시간이 남기까지 하는 날. 그런 날은 여행이 다가오고 있는 게 아닌지 의심해 볼 만하다. 그날도 나는 좀처럼 보기 힘든 집중력이 발현되어 후딱 할 일을 끝내고 '파리 루이비통 저렴하게 사는 방법'을 검색했다. 일을 다 끝내서 마음은 떳떳했지만 어쩐지 내 눈은 사무실 안 사람들을 연신 살폈다.

8월의 여름휴가는 모든 게 다 비싸다. 내 귀여운 월급으로 8월에 떠나는 건 사치라고 빠르게 판단하고 휴가는 9월에 가기로 결정했다. 9월의 포르투갈 항공권을 알아보다가 '유럽까지 가는데… 포르투갈 가는 김에…' 결국 '가는 김에' 병이 도져서 프랑스 파리까지 들르기로 했다. 그리고 '파리 여행'에 관련된 블로그 글들을 읽다 보니 프랑스 파리까지 가서 루이비통을 사 오지 않으면 왠지 손해인 것 같다는 생각에 이른 것이다. 공식 홈페이지에서 가격을 확인해 보니 확실히 한국보다는 저렴했다. 가는 김에 내 카드 지갑이나 하나 사 오려고 했더니, 엄마가 마음에 걸렸다. 침대에 누워 잘 살고 있는 동생에게 엄마 명품 백 하나 사 올 거니까 돈을 보태라고 명령했다. 가격의 합리성을 설명해 주니 동생도 바로 고개를 끄덕였다. 먼저 나서는 법은 없어도, 효도하자고 하면 빠지는 않는 놈이다. 그렇게 동생과 열심히 돈을 모아놓은 뒤 파리행 비행기에 몸을 실었다.

아무리 9월이어도 직항은 가격이 부담스러워서 베트남 하노이를 경유해 30시간 만에 파리 샤를 드골 공항에 도착했다. 레이오버로 7시간 정도 하노이도 구경할 수 있었다. 한 번의 여행에 베트남까지 둘러보는 내가 참 야무지다고 생각했다. (지금은 하라고 해도 할 체력이 없다.)
3년 전 파리에 왔었던 기억을 더듬으며 숙소로 가는 공항철도와 지하철 티켓을 구입했다. 소매치기로 악명 높은 프랑스라 잔뜩 쫄았지만, 하노이에서부터 찌들어온 내게 사람들은 별 관심이 없는 듯했다. '오, 이렇게 쉽게?'의 연속으로 공항철도도 무사히 내리고, 숙소로 가는 7호선 열차에 안착했다.

파리 아니랄까 봐 열차 안에서는 뽀글뽀글한 하얀 머리 스타일의 남자가 아코디언을 연주하고 있었다. 열차 안에서 버스킹하는 로맨틱한 도시. 낭만에 흠뻑 취해서 그에게 시선이 사로잡혔지만, 그에게 드릴 유로는 없었다. 방금 파리에 도착한 나는 큰 단위의 지폐뿐이었다. 하지만 그는 나를 놓치지 않고 아코디언을 연주하며 나에게 슬금슬금 다가왔다.

    '환장하겠네….'

내 앞에 서서 나만을 위한 독주인 양 연주하는 그의 눈을 필사적으로 피했다. 관심 없는 척 창문에 초점을 고정했다. 창문 너머로는 까만 시멘트 벽만 비쳤다.

숙소 근처의 역에 다다르자 열차의 속도가 줄어들었다. 열차 문에 설치된 버튼을 무심하게 눌러 문을 열었다. 누가 봐도 파리가 두 번째인 사람처럼. 짧은 계단을 올라 개찰구로 향했다. 왠지 너무 수월하다 싶었다. 하필 개찰구가 수동형 턴게이트였던 거다. 이 좁은 개찰구를 캐리어를 이고 지고 한몸처럼 빠져나가기에 나는 아직 어렸다. 캐리어를 끌고 탈출을 시도하다가 결국 내 티켓만 먹혔다. 역무원도 없고, 여분의 티켓도 없어서 망연자실하며 서 있는데, 내 옆으로 키 큰 청년이 체조선수처럼 양손을 짚고 점프해서 개찰구를 빠져나갔다. 나와 같은 방향으로 나가려던 짧은 머리의 여자가 나를 보더니 돌아가는 턴게이트 날개를 잡았다. 본인이 잡고 있을 테니 빨리 나오라며 말 한마디 없이 얼굴로 말했다. 그래도 되나 싶어서 우물쭈물하자 여자가 빨리 오라고 재촉했다. 캐리어는 못 나왔지만, 내 몸은 빠져나왔다. 그러자 뒤이어 나오던 정장을 입은 남자가 캐리어를 양손으로 들어서 빼내주었다.

"메흐씨! 메흐씨!"

일부러 어설픈 억양으로 감사 인사를 전했다. 여행용 애교랄까. 두 분 다 고개를 끄덕이더니 쿨하게 떠났다. 파리의 지하철은 나이가 많아서 에스컬레이터나 엘리베이터를 찾기 어려웠다. 출구를 향한 긴 계단 앞에 서서 마음을 다잡았다. 보부상인 나의 26인치 캐리어는 들지 못할 정도로 무겁진 않았지만, 쉽지 않은 여정임은 분명했다. 그 찰나에 후드를 뒤집어쓴 청년이 내 캐리어를 들고 계단으로 튀기 시작했다. 놀라 뒤집어진 나는 몸이 굳어서 납치된 캐리어와 청년의 뒤태를 구경했다. 청년이 뒤돌아서 사람 좋은 웃음을 보였다. 나를 안심시키려는 모양이었고, 그게 통했다. 그리고 계단 끝에 캐리어를 놓고 아까 개찰구에서처럼 고개를 끄덕여 보였다. 마음처럼 얼굴도 곱던 청년은 내가 호다닥 올라가 청혼이라도 할까 봐 급히 떠나버렸다.

'청년… 메흐씨….'
아, 이것이 파리인가. 이들이 파리지앵인가!

숙소는 한인이 많이 모여 있는 빌레쥐프 지역에 있었다. 단독주택으로 된 층 낮은 가정집들이 모여 있는 동네라서 낮에는 다정다감했고, 밤에는 호젓했다. 출구로 나오니 그리웠던 파리의 향기를 채 맡기도 전에 호젓한 밤이 펼쳐져 겁이 나기 시작했다. 동태를 살피긴 해야 하는데, 분위기 전환도 꾀하고 싶어 한쪽 귀에만 이어폰을 꽂고 캐리어를 끌었다.

골목을 지나는데 영업이 끝난 스시집 앞에 남녀 6~7명이 모여 있었다. 대충 쓱 보니 티셔츠를 크게 입고, 스냅백을 삐뚤게 쓰는 무리였다. 겁이 발동했다. 최대한 음악에 마음을 의지해 걷는데 그 무리에서 자꾸 큰 소리가 났다. 불쑥 3년 전 파리의 밤에서 인종차별 당했던 장면들이 자꾸 떠올랐다. 그냥 지나가는 것뿐인 이 동양인에게 혹시라도 말을 걸어올까 봐 최대한 눈에 띄지 않게 평범하게 걸으려고 노력했다. 아마도 엄청 어색한 걸음이었을 것이다. 흰자로 간신히 본 그들의 손에는 맥주나 와인이 들려있는 것 같았다. 심장이 뛰었다. 심장은 원래 뛰고 있지만, '심장이 뛰고 있구나' 자각할 만큼 세게 뛰었다. 손에 든 게 무엇인지 확실히 알고 싶었다. 용기 내어 흰자를 치우고 검은자로 보니 손에 든 것은 다 코카콜라였다. 코카콜라가 보이니 그제야 그들이 제대로 보였다. 큰 소리로 웃고 장난치는 중이었다. 좀 더 자세히 쳐다보니 키만 크지, 어려 보이기도 했다. 마치 내가 중학생 때 밤에 독서실에서 나와 친구들이랑 초코우유 사 먹으면서 장난치는 그런 장면이었겠지. 마음을 쓸어내리며 코카콜라 무리를 무사히 지나쳤다. 이 일은 실제로 30초 남짓한 시간 동안 벌어진 일이었다.

숙소는 한인 게스트하우스 중에서도 저렴한 편이었다. 보통 유럽의 한인 게스트하우스들은 석식 한식 제공을 필살기로 내세우는데, 이곳은 저렴한 대신 조식에 바게트와 잼만 제공되는 곳이었다. 여행 중 한식을 먹으려고 저녁에 숙소로 들어오는 게 여간 불편한 게 아니라서, 나는 조식만 제공하는 게 오히려 좋았다. 작은 마당이 있는 단독주택에 도착하자 워킹 홀리데이 중인 스태프 E가 숙소 안으로 안내했다. E는 은은한 미소를 기본적으로 장착한 여자였다. 지금 생각해 보니 일하는 중이라서 그랬을지도. 문을 열자 고양이 미미가 계단에 앉아 나를 반겼다. 사실 미미는 나를 반기지 않았을지도. 미미를 지나쳐 2층으로 올라갔다. 내 방은 여성용 4인실이었다. 방 안에는 방금 들어온 듯한 J와 내일 체크아웃 예정이라 잘 준비를 마친 여자 한 명이 있었다.

J는 이 방에서 장기 투숙 중이었다. 퇴사 후 프랑스 파리에서만 한 달째 여행 중이고, 앞으로 두 달 정도 더 프랑스를 여행할 예정이라고 했다. 여행에서 사람을 만나다 보면, 나로서는 생각지 못할 여행 스타일을 마주해 흥미로울 때가 많다. 잠깐의 스몰토크 중에도 나는 J의 스타일링을 구경하기 바빴다. 내 주변에는 없는 캐릭터였다. 기다란 네일과 뾰족하고 풍성한 속눈썹, 어두운 톤의 립, 시스루 상의와 펑퍼짐한 바지 그리고 쭈글쭈글한 부츠. 화룡점정은 파운데이션이었다. 늘 21호를 얼굴에 펴 바르며 목과 경계를 만들어내는 나와 달리, J는 본인 피부 톤에

딱 맞는 어두운 파운데이션을 썼다. 왠지 자유롭고 가치관이 뚜렷해 보였다. 파리와 정말 잘 어울리는 여자였다.

다음 날 아침에 본 J는 또 새로웠다. 화장을 다 벗긴 J의 민낯은 정말 귀여웠다. 이불을 꽁꽁 싸맨 J는 아침마다 조식을 건너뛰고, 세쌍둥이가 나오는 육아 프로그램을 보면서 히죽댔다.

"언니, 오늘은 어디 가용?"

J는 애굣 덩어리였다. 귀여운 것을 좋아하고, 그만큼 귀여운 사람이었다. 솔직히 말하면 처음 봤을 때는 '환불할 때 같이 가면 든든한 st' 스타일링에 살짝 기가 죽었었다. 물론 그 편견은 만나고 2초 만에 깨졌지만.

"오르세 미술관 가려고요. 클럽 간다면서요, 오늘?"

"언니 클럽 좋아해용? 같이 갈래용?"

친구 중에 클럽을 좋아하는 친구가 한 명도 없었고, 나 역시 그런 친구 중 하나였다. 스물한 살 때 홍대의 한 클럽에 갔다가 부비부비에 충격받은 나는 뛰쳐나와 편의점으로 도망가 삼각김밥으로 놀란 마음을 진정시켰었다. 그 뒤로는 가본 적이 없었다. 한두 번 정도 가보고 싶을 때도 있었지만, 막상 주변에 같이 갈 만한 친구가 없기도 했다. J의 말을 들으니 왠지 20대가 지나기 전에 한번 가보고 싶기도 하고, 프랑스의 클럽이 궁금하기도 했다. 가만히 내 캐리어 속을 머리에 떠올렸다. 검정색 무지 반팔티, 분홍색 니트, 하얀색 리넨 셔츠, 초록색 트레이닝팬츠, 청바지, 검정색 반스 어센틱, 브라운색 하프 코트, 잔스포츠 백팩, 에코백….

"아니에요! 저는 쉴래요."

옷이 없다는 말 대신 다른 말이 튀어나왔다. 옷이 없다고 하면 J 같은 쿨한 성격의 친구들은 보통 본인 옷을 빌려주겠다고 할 거다. 개중에 큰 옷을 건네주겠지만, 나는 그 작은 옷을 받아 들고 화장실로 가 입으려고 시도해 보지만, 턱도 없이 작아서 몸을 넣어보지도 못한 채 들고나와 다시 돌려주고 잠시 서로 머쓱한 시간을 맞게 되는 그림이 빠르게 그려졌다.

'저렇게 옷을 멋있게 입는 여자와 동행할 때는 꾸밈 정도를 맞춰 줘야 할 텐데, 이번엔 아니야.'

고양이 미미와 아침 인사를 주고받는 J를 뒤로하고 조식을 먹으러 주방으로 내려갔다. 주방에서는 E가 방금 사 온 바게트를 썰고 있었고, 큰 테이블 위에는 밤잼과 큰 보틀에 담긴 커피가 놓여 있었다. E 옆에서 말을 붙이다 보니 내 친구와 E가 예전에 잠깐 같이 일했던 사이인 것을 알았다. 그 작은 공통점을 물꼬로 E와 가까워졌다. 체력이 넘쳐나던 시기라 누군가와 대화할 때면 나는 그 사람을 한 번은 꼭 웃게 만들었다. 그런데 E는 내 말에 서너 번씩 웃는 사람이었다. 나를 썩 마음에 들어 하는 눈치였다. 늘 웃을 준비가 된 사람처럼 나를 바라봤다. 실망시키고 싶지 않아서 과한 드립을 날리고 후회하기도 했다.

사람들이 하나둘 내려와서 테이블을 채웠다. J는 없었다. 다들 본인 접시에 바게트 두세 개를 옮겨놓고, 밤잼 두 개를 돌려가며 접시에 덜어냈다. 사람이 다섯인데 얼마나 조용한지 밤잼 푸는 소리가 선명히 들렸다. 밤잼이 입에 안 맞았던 나는 바삭하고 쫄깃한 바게트만 씹었다.

"B 님도 며칠 뒤에 스위스로 가신대요."

적막을 깨는 소리의 주인은 일하는 중인 E였다. 스위스로 넘어간다는 커플이 동요했다. 두 번 정도 서로 말을 주고받고 공기는 다시 바게트 씹는 소리와 뭐라도 침묵을 메꾸고자 사람들이 내뱉는 "맛있다" 소리뿐이었다. 못 참겠다!

"다들 파리에 얼마나 계세요?"

스태프인 E와 친분이 생기자 묘한 자신감이 생긴 나는 사람들에게 얼굴을 들이밀었다. 한인 민박에 머물다 보면 여덟 번 정도는 묻고 대답하는 가장 기본적인 질문.

"파리에 얼마나 계세요?"
"어, 저는 짧아요. 5일이요."
"5일! 그럼 다음 도시는 어디예요?"
"스위스 베른으로 넘어가려고요."
"베른! 오늘은 어디 가세요?"
"모르겠어요. 계획 없어요. 오늘 어디 가세요?"
"저는 혼자 오르세 미술관 가려고요. 같이 가실래요?"

어쩌다 보니 B와 계속 대화를 나누게 되었다. 낯을 가려서 눈은 오래 마주치지 못하지만, 말에는 부끄러움이 묻어나지 않는 B가 은근히 편했다. 한인 민박의 아침 식탁에서는 매일 비슷한 질문과 답변이 오가고, 그날의 동행까지 결성하게 된다. 오늘의 동행인 B는 나보다 두 살 어렸다. E도 나보다 어렸고, J도 나보다 어렸다. 한인 게스트하우스에서 20대의 끝줄인 나보다 나이가 많은 사람은 없었다.

숙소는 저렴한 만큼 관광지와는 멀기 때문에 전철에서

오르세 미술관까지는 시간이 꽤 걸렸다.

"르누아르 알아요? 저 르누아르 좋아해서 오르세 미술관 가보고 싶었거든요."

"아, 진짜요?"

"저도 그림은 잘 모르는데, 르누아르 그림은 색감이 따뜻해요. 주로 분홍색, 노란색, 연두색 이런 파스텔 톤을 많이 쓰거든요."

"오, 그렇구나…."

"그리고 르누아르가 그리는 여자가 너무 아름다워요. '여자의 몸이 아름다운 거구나'를 르누아르 그림 보면서 느꼈어요."

"우와, 신기하다!"

창문이 열려있는 오래된 전철은 달릴 때 어찌나 시끄러운지 이어폰 볼륨을 최대로 높여야 노래가 들릴 정도였다. 내 얘기가 잘 안 들리는지, 아니면 내 얘기가 따분한 건지, 아니면 잘 듣고 있는데 그저 리액션이 약한 건지 헷갈렸다. 르누아르 이야기를 끝냈는데도 오르세 미술관에 도착하려면 한참이었다. 화장기 없이 회색 후드와 검정색 경량 패딩을 걸치고 도난방지 스트랩에 달린 핸드폰을 만지는 B를 보니 고작 두 살 어린데도 한참 어린 동생 같았다.

"아직 여행 한참 남았죠? 여행 다니면서 여러 사람 많이 만나봐요."

"아, 네."

"나이, 지역, 직업 상관없이 다양한 사람을 만날 수 있는 기회가 여행 말고는 많지 않더라고요."

"맞죠, 맞죠."

"내가 뭘 하고 싶은지를 알려면 많은 걸 경험해야 하는데, 그럴 수가 없잖아요. 그럼 간접 경험을 해야 하는데, 사람들이 갖고 있는 자기만의 세계를 듣는 게 가장 빠르고 풍부한 간접 경험이더라고요."

"네네…."

"갑자기 이렇게 얘기하는 게 꼰대 같아서 나도 웃긴데, 경험해 보니까 그렇더라고요. 오래된 친구, 인맥도 중요한데 새로 알게 된 인맥, 얕은 인맥도 되게 중요하더라고요."

"아…."

"오래된 친구는 내가 변하려는 모습을 잘 인정을 안 하더라고요. 어색해해요. 예를 들면, 내가 책을 읽기 시작했어. 그럼 오래된 친구는 '야, 너가 무슨 책이야' 이런단 말이에요. 그런데 새로 알게 된 사람은 내가 책을 읽으면, 그냥 나를 책을 읽는 사람으로 인식하잖아요. 오래된 친구들이 편하고, 재밌고, 안정감도 느껴지지만, 내가 변화하고 싶을 때는 주춤하게 만들더라고요."

오늘 아침에 처음 본 사람에게 갑자기 열변을 토해내는 꼰대 같은 나 자신을 발견했는데도, 도무지 제어가 되질 않았다. 2년 전의 나에게 하고 싶은 얘기여서였을까?

내 이야기에 심취하다 보니 도착하지 않을 것 같던 오르세 미술관에 다다랐다. 우리는 동행의 신분으로 서로에게 최선을 다했다. 같은 그림에서 시작해서 잠깐 헤어졌다가, 또 다른 그림 앞에서 다시 만나고를 반복하며 오르세 미술관 안을 배회했다. 르누아르 그림을 발견하고 B를 데려가서 감탄하다가 알 수 없는 표정으로 고개를 끄덕이던 B가 사라져서 두리번거리면, B는 내가 시선이 닿을 만한 거리에서 그림을 구경하듯, 나를 기다리듯 서성거렸다. 기차역을 개조해서 오픈한 오르세 미술관에는 여전히 기차역의 흔적이 남아있었다. 둘 다 사진에는 큰 관심이 없어서 별다른 요청이 없다가 여기서는 찍어야겠다 싶어서 큰 시계 앞에서 서로의 사진을 찍어주었다. B와는 오늘이 마지막일 것 같다는 생각이 들었다.

박서우와 처음으로 유럽 여행을 할 때는 파리에서 디즈니랜드, 몽생미셸, 베르사유 궁전, 루브르 박물관까지, 하루 종일 구경했다. 파리라는 도시 자체를 느끼기보다는 안 하면 억울할 것 같은 스팟들을 돌아다녔다. 그래서 이번에는 온전히 파리라는 도시를 느껴보고 싶었다.

디자이너 숍이 즐비한 거리를 돌아다니고, 엄마의 가방이 담긴 쇼핑백을 들고 예술가들이 자주 갔다는 카페 테라스에 앉아 따뜻한 라떼를 마셨다. 개선문에 올라 에펠탑이 담긴 야경을 구경하기도 했다. 어떤 날에는 전철을 타고 쏘 공원(Parc de Sceaux)에 갔다. 베르사유 궁전 못지않은 큰 규모의 공원이었다. 봄에는 벚꽃이 예쁘게 피기로 유명한 공원이었는데, 9월의 풍경도 충분히 아름다웠다.

반듯하게 조경된 나무들을 구경하면서 걷다 보니 공원 한가운데 우람한 연못에 도착했다. 긴 연못을 커다란 나무들이 감싸고 있었고, 잔잔한 연못에는 오리들이 헤엄치고 있었다. 오리들이 잘 보이는 평평한 곳을 찾아 스카프를 펼쳤다. 미리 사 온 보코치니 치즈가 들어간 샐러드와 0.9유로짜리 크루아상, 납작복숭아 한 개, 크렘브륄레를 까서 꺼냈다. 크루아상 냄새를 맡고 다가오려는 비둘기와 오리를 휘이휘이 돌려보내고 허겁지겁 빵을 삼켰다. 납작

복숭아를 한입 베어 물고 경치를 바라보았다.

> '나 공원 좋아하는구나. 식당에서 먹는 잘 차려진 음식보다는 땅바닥에 앉아서 내가 좋아하는 것들을 먹는 걸 좋아하는구나.'

나와 더 친해진 기분이 들었다.

나이트 투어를 위해 숙소에 들러 따뜻한 브라운색 코트를 챙기고 집결지로 향했다. 파리의 야경을 구경하고 싶은데, 밤에 혼자 다니는 건 두려워서 신청한 야경 투어였다. 에펠탑, 루브르 피라미드, 노트르담 대성당, 센강, 퐁뇌프 다리 등을 돌아다니는 알찬 일정이었다. 한국인 가이드가 리드하는 투어였는데, 혼자 온 사람은 나와 가이드뿐이었다. 어린 딸과 같이 온 세 가족, 커플, 모녀가 함께했다. 혼자 온 내가 궁금한지 여자아이는 나를 계속 관찰했다. 처음에는 말없이 표정으로 서로 아이스 브레이킹을 하다가 내가 먼저 몇 살이냐고 물었다. 초등학교 3학년이었다. 수줍음 많은 여자아이는 엄마 옆구리와 아빠 옆구리를 왔다 갔다 하면서 조심스럽게 나와 대화를 이어갔다. 특히 아이가 어머니 옆에 있을 때는 삼각관계 대화법으로 아이에게 질문하고, 어머니에게 대답을 들었다.

"파리는 처음 온 거야?"

"…."

"엄청 어릴 때 왔었는데 지윤이는 기억 안 나지?"

"우와, 두 번째구나."

"…."

"지윤이 피겨한다고 언니한테 얘기해줘."

역시 파리의 밤은 로맨틱했다. 파리에서 가장 오래된 다리인 퐁 뇌프 다리를 지나, 센강을 가로질러 루브르 박물관으로 향하는 퐁데자르에 오르니 센강변의 야경이 펼쳐졌다. 퐁데자르에 기대 백허그하며 자연스럽게 키스하는 커플을 보니 배가 살살 아파왔다. 적당한 사람들이 섞여서 만들어낸 노랗고 까만 야경은 살가죽 밑의 뭔가를 자꾸 꿈틀거리게 했다. 왜 조명은 대부분 다 노란색일까. 별을 닮고 싶어서? 과학적인 이유는 궁금하지 않았다. 나 스스로 감동할 만한 멋진 이유들을 생각하며 퐁데자르를 걸었다.

퐁데자르를 걷다 보면 지윤이네 가족 옆에서 애매하게 나란히 걷게 되는 순간이 찾아왔다. 사람이 여럿 있는데 고요하면 죽는 줄 알았던 나는 실없는 소리를 툭툭 던졌다. 물론 지윤이에게.

"언니 몇 살 같아?"

"음… 음… 모르겠어요."

아직도 나를 어려워하는 눈치였다. 1시간이 지나도 내가 어려운 지윤이는 대답하면서 시선의 마무리는 꼭 엄마 얼굴로 향했다. 지윤이의 부모님은 야경을 배경으로 서로의 사진을 찍어주고 있었다. 함께 다녔던 커플도, 모녀도 다들 퐁데자르 위에서 서로의 사진을 남겨주는 데 열중이었다. 지윤이와 나만 다리 위를 천천히 걷고 있었다. 이제는 내 나이도 얘기해줘야겠지.

"언니는 열네 살이야."

지윤이는 화들짝 놀라 겁에 질린 표정으로 내 얼굴을 훑었다.

"진짜예요?"

"응, 중학교 1학년 6반이야."

웃음기 없이 뻔뻔한 내 표정에 지윤이는 혼란스러워 보였다. 지윤이는 엄마에게로 뛰어가서 엄청 큰 목소리로 속삭였다.

"엄마… 언니가 거짓말을 하고 있는 것 같아."

확실히 혼자 다니면 지나쳤을 스팟들과 그 안의 역사 이야기도 들으니 야경 투어 신청하기를 잘했다고 생각했다. 에펠탑을 마지막으로 투어는 끝났다. 루브르 피라미드 앞에서 가이드님이 찍어주신 사진 몇 장과 지윤이가 챙겨준 귀여운 추억을 건진 후 숙소로 돌아갔다.

밤늦게 도착한 숙소는 당연히 깜깜하고 조용했다. 새벽 비행기로 포르투갈로 넘어가야 했던 나는 1층에 미리 내려놓은 캐리어를 끌고 나가려고 하는데, 캐리어 위에 뭔가 얹어져 있었다.

> 포르투칼? 포르투갈? 잘 다녀오세요.
> 제 이름은 B예요. 까먹으셨을까 봐.
> 르누아르 좋아하신대서 골라봤어요.
> 마음에 드셨으면 좋겠어요!

르누아르 그림으로 된 자석과 B의 쪽지였다. 심장이 쪼글쪼글해지더니 빛 한 줄기가 코끝으로 쏘아졌다. 내가 너무 과하게 행동해서 질려버렸을 거라고 생각했는데, B는 그게 아니었나 보다. 놓칠 뻔한 연이 다시 손에 쥐어진 듯한 감동이었다. 우리는 꽤 잘 맞는 인연이었나 보다. 파리에 오길 잘했다. 이 숙소에 묵기를 잘했어. 깜깜한 숙소를 홀로 나오는데 외롭지 않았다.

이렇게 오늘도 잘 놀다 갑니다.

넝 바이, ~~~~

적당히

──── 사랑할 줄 모르는

오늘은 치앙마이에서 보내는 41일째 밤이다. 치앙마이에서 꼭 하고 싶었던 것 중 하나는 바로 매일 섹시하게 땀 흘리며 운동하는 거였다. 러닝을 하려고 마음먹은 순간, 러닝에 필요한 장비가 없다는 사실에 화들짝 놀라 오래된 쇼핑몰에서 가벼운 러닝화와 바지를 구입했다. 치앙마이에서 가장 큰 대학교인 치앙마이대학교 운동장은 러닝하기에 딱이었다. 치앙마이로 떠나기 직전까지 한국에서 러닝을 깔짝대던 중이었던지라 관성처럼 러닝을 찾았다.

'40일은 그냥 보냈으니, 41일부터는 새롭게 시작하는 거야!'

모든 장비가 완벽해진 상태로 비장하게 입장한 운동장의 밤은 사람들로 가득했다. 운동회 응원을 준비하는 듯한 무리도 있었고, 계단에 앉아 음료를 마시며 수다 떠는 사람들, 러닝하는 사람들, 걸으면서 수다 떠는 사람들… 다들 각자 열심히 몸을 태우는 모습을 보니 태국 편의점 앞에 늘 붙어 있던 체중계가 떠올랐다.

무리에 섞여 인터벌로 걸었다 뛰었다를 반복하며 나를 열심히 갖고 놀았다. 땀 흘리는 사람들이 많으니 힘이 솟아서 발목도 가벼운 기분이었다. 몇 분 뛰고 나니 폐가 울렁울렁했다. 나이키 광고에서나 볼 법한 들숨 날숨을 내쉬며 조명 아래에서 쉬고 있는데, 옆에서 태국 여자애들 셋이 스트레칭하며 나를 힐끗댔다.

"싸와디짜우."

표준 태국어로 '안녕하세요'는 '싸와디카'이다. '-짜우'는 치앙마이 사투리이고, 박자와 멜로디는 충청도 '-했슈'와 비슷하다. 나의 사투리 애교 공격에 셋이 사이좋게 웃으며 자지러졌다. 아마도 우리, 서로를 귀여워하고 있는 것 같군. 우리의 영어 실력은 비슷했다. 더듬거리는 영어와 매끄러운 번역기를 번갈아 가며 대화를 나눴다. 그렇게 알아낸 정보에 따르면, 이 친구들은 태국의 최북단 지역인 '매홍손'이 고향이었다. 나보다 서너 살 어린, 당시 만 스물두 살, 스물세 살이었다. 빡빠오와 친구들은 돈을 벌기 위해 치앙마이로 내려왔다고 한다. 모두 같은 카페에서 일하는데, 신기하게도 그 카페와 이 친구들이 지내는 월세방이 내가 묵는 숙소에서 불과 58초 거리였다. 수다가 길어지자 사람들이 점점 없어지기 시작했다. 친구들은 나를 집에 데려다주겠다고 제안했다. 나는 한 번 거절하는 척하고는 금세 못 이기기는 척 오토바이에 몸을 실었다. 오토바이 한 대에 나까지 총 세 명이 엉덩이를 포갰다. 와, 나 근사한 여행 중이다!

"은-영- 카페에 놀러 와."
"응, 내일 갈게!"
빠빠오와의 약속을 지키러 나는 다음 날 눈뜨자마자 카페로 향했다. 카페는 아주 작은 시장 안에 있었다. 태국에서 종종 보던 형태의 시장이었는데, U자로 된 시장이었다. 작은 상점들이 테두리에 줄지어 있었고, 가운데에는 작은 푸드코트가 있었다. 카페에서 음료를 마시기 전에 밥부터 먹어야겠다 싶어서 푸드코트에 들어갔다. 가운데에는 테이블 여러 개가 있었는데, 전부 공용이었다. 푸드코트 안 여러 식당을 천천히 훑었다. 간판에는 선명한 태국어와 색을 다 빼앗긴 음식 사진이 붙어 있었다. 빛바랜 음식 사진을 뚫어지게 보다 보니, 접시 안에는 잘게 다져진 고기로 추정되는 요리와 밥, 밥 위의 계란프라이가 보였다.

'팟카파오무쌉이구만!'

만만한 팟카파오무쌉 가게 앞에 앉아 팟카파오무쌉과 계란프라이를 주문했다. 계란프라이를 완숙으로 달라는 말을 태국어로 검색하던 중에 태국 꼬맹이가 내 옆으로 왔다. 행색은 누가 봐도 이 푸드코트에서 지내는 아이 같았다. 캐릭터가 그려진 잠옷 세트를 입고 통통한 발바닥은 까맣게 먼지로 물들어 있었다. 푸드코트 안 테이블 손님들 한 명, 한 명에게 다 인사를 건네고 다니던 중이었다. 알아들을 수 없는 태국어 옹알이를 하는데, 목소리가 어찌나 귀여운지 내 앞에 앉히고 겸상하고 싶었다. 짧은 머리여서 남자아이인지 여자아이인지 구분이 되지 않았다. 내 옆에서 계속 내 손을 꼼지락대며 혼잣말 같은 노래를 쫑알쫑알대면서 오래 머무르자 고기를 볶던 아주머니가 꼬맹이에게 소리쳤다.

"손님 귀찮게 하지 말고, 이리 와!"

알아들을 수 없는 태국어였지만, 왠지 이런 뜻인 것 같았다. 그러자 꼬맹이가 시무룩한 표정으로 엉덩이를 씰룩대며 주방 안으로 들어갔다. 푸드코트는 환기시설이 없는 오픈 주방이라 안이 훤히 다 들여다보였다. 꼬맹이는 빨간 불 위에서 기름과 고기가 볶아지는 웍을 지나쳐 스테인리스 선반 밑으로 들어갔다. 선반 밑에는 알록달록한 돗자리가 깔려 있었고 먼지를 머금은 인형과 소꿉놀이, 세월에 눌려 얇아진 이불이 널브러져 있었다.

맛있게 매운 냄새가 코를 찔렀다. 아까 간판에서 보았던 그 사진이 그대로 내 앞에 놓였다. 흘러내리는 계란노른자가 덮인 팟카파오무쌉을 먹으며 선반 밑 꼬맹이와 눈이 마주쳤다. 나는 입꼬리를 한껏 올려 나오라는 듯이 눈을 동그랗게 뜨며 고개를 까딱했다. 꼬맹이는 바로 알아채고는 신나서 바로 튀어나왔다. 꼬맹이를 내 무릎에 앉히고 팟카파오무쌉을 먹었다. 우리의 대화는 이상하고 처참했다. 처음 본 나한테 어쩜 그렇게 할 말이 많은지 계속 쫑알거리며 나를 궁금해했다. 꼬맹이가 신나서 떠들면 나는 개중에 들리는 단어에 물결과 물음표만 붙여서 대답하며 열심히 팟카파오무쌉을 씹었다.

어느덧 접시에는 고기와 함께 볶은 쥐똥고추 몇 개만 남아 있었다. 꼬맹이를 들어 바닥에 내려놓고, 또 보자고 인사를 나눈 뒤, 식당 바로 옆의 친구들 카페로 갔다. 빡빠오가 만들어준 태국식 밀크티인 차옌을 빠르게 힘껏 빨았다. 혓바닥에 아직 머문 팟카파오무쌉의 매운 열기를 식히자 꼬맹이가 떠올랐다.

"저기 푸드코트에 있는 꼬맹이 알아? 귀엽더라."

"넝 바이!"

이름은 '바이'이고, 여자아이라고 했다. '넝'은 동생이란 뜻이어서 애들은 꼬맹이를 '넝 바이'라고 불렀다. 식당에 같이 있던 어른들은 부모가 아니라 삼촌과 이모라고 했다. 부모님과 떨어져 지낸다고 생각하니 괜히 더 마음이 쓰였다. 카페가 조금 한적해지자 빡빠오는 푸드코트에서 바이를 데려왔다. 카페에 있는 여러 가지 보드게임으로 바이와 놀아주다가 손님이 오면 음료를 만들러 바 안으로 후다닥 들어갔다. 그러면 나는 홀로 바이와 놀았다. 그런 하루가 이틀이 되고, 사흘이 되고, 나흘이 되었다. 어떤 날에는 카페 안에서 놀고, 어떤 날에는 카페 밖 돌 턱에 걸터앉아 놀기도 했다. 우리는 서로 알아들을 수 없는 말을 하면서도 시간 가는 줄 몰랐다. 그리고 꽤나 생산적인 하루를 보내기도 했다.

"능, 썽, 쌈…."

바이는 내 머리카락을 만지면서 태국어 숫자를 가르쳐주었다. 내 머리카락 만지는 것에 심취해서 본인이 뭐라고 내뱉었는지도 모르는 눈치였다. 숫자를 세는 바이의 목소리와 멜로디가 너무 귀여워서 나는 조르듯이 "능"을 선

창하고 바이가 또 숫자를 세게 했다. 나는 이미 태국어로 10,000까지 다 알고 있었지만, 유일하게 서로 하는 말을 알아들을 수 있는 귀한 시간이었기에 숫자놀이 시간을 자주 가졌다.

바이만큼 작은 추억들이 쌓여갔다. 이제 내가 푸드코트에 들어서면 바이는 바로 나에게 달려왔다. 처음 몇 번은 바이를 말렸던 삼촌과 이모는 바이가 영어를 배우면 좋겠다며 바이와 나의 사이를 허락해 주었다. 안타깝게도 바이가 영어를 배우는 것보다, 내가 태국어를 배운 적이 더 많았다. 내 무릎에 앉은 바이는 내 레이스 블라우스를 만지며 수다를 떨고, 나는 알아듣는 척 밥을 먹는데 바이의 이모가 우리를 빤히 쳐다보다 웃으며 말했다.

"매 까올리, 매 까올리."
'까올리'가 '한국'이라는 건 알고 있었는데, '매'는 뭐지? 바이도 이모의 말을 듣고 나를 껴안으며 "매 까올리…"라고 읊조렸다. 궁금하기도 했지만, 또 궁금하지 않기도 했다. 현지 말을 못 알아듣는 귀여운 외국인이고 싶을 때도 있으니. 핸드폰으로 '매'를 검색하는 대신 바이를 들쳐 안았다. 쥐똥고추만 남은 접시를 두고 다시 카페로 향했다.

이날은 햇빛이 매섭게 쨍해서(매일 쨍하긴 하지만) 바이를 안고, 눈을 찌푸리며 가고 있었는데 갑자기 바이가 내 얼굴을 치려는 듯 손을 들었다. 만 3세 여자아이에게 쫄아 버린 나는 신속하게 눈을 감고, 겸허히 맞길 기다렸다. 1초 정도 지났을까? 아프지 않았다. 왜 안 때리지 싶어서 슬며시 눈을 떴더니, 그 커피 쿠폰만 한 작은 손을 내 이마에 펴서 그늘을 만들어주고 있었다. 다행이다. 맞지 않아서가 아니라 바이가 사랑이 가득한 아이라서. 이런 예쁜 사랑을 잘 받았고, 또 잘 배워서 다시 나눠 줄 수도 있는 사람이 됐구나. 덕분에 이마 주름을 펴고, 바이를 더 꼭 안았다. 그리고 그 와중에 셀카도 남겼다.

카페에 앉으면 바이는 자연스럽게 내 핸드폰을 가져갔다. 작은 손가락이 핸드폰을 쥐기에 벅차 보였지만, 요리조리 터치해 가며 카메라를 켜서 같이 셀카도 찍고, 본인 취향의 유튜브를 틀기도 했다. 셀카를 찍을 때면 자기 얼굴보다 내 얼굴을 더 많이 바라보았다. 너무 행복해서 못 참겠다는 듯이 갑자기 나를 꼭 껴안고 내 얼굴과 자기 얼굴을 맞대기도 했다. 바이가 나한테 주는 사랑이 너무 예뻐서 내 심장은 점점 더 빨갛게 물들어가는 기분이었다.

나는 바이의 눈을 구경하는 게 가장 좋았다. 바이의 눈은 정말 크고 맑았다. 흰자에 핏줄 하나 없고, 눈동자는 참 까맣고 컸다. 투명하지 않은데 투명했다. 정말이지 탕후루 같았다. 점막이 잠깐 부딪히고 다시 열릴 때, 각막에 일렁거리는 순수를 구경하느라 시간 가는 줄 몰랐다. 바이도 나를 바라보고, 나도 바이를 바라볼 때면 바이의 눈에 내가 선명히 비쳤다. 늘 충혈로 덮여 있는 나는 바이의 눈을 질투하기도 했다.

사실 이때 나는 내 여행에 심취해 있었다. 혼자 장기 해외 여행을 하며, 현지 친구를 사귀고, 현지 아이와의 우정이라니. 게다가 이 아이가 진심으로 좋았다. 바이의 코 밑에 흘러내리는 것을 주저 없이 손으로 닦아내는 내 모습이 스스로도 신기했다. 진짜 사랑이 담긴 이 여행이 너무 근사하고 자랑스러워 미칠 것만 같았다. 세상의 누군가에게 나의 이 여행을 알리지 않으면 숨이 안 쉬어질 것 같았다. 그래서 바이를 내 근사한 여행에 보탰다. 소통은 안 되지만 나를 잘 따르는 귀여운 태국 아이와 그런 아이를 사랑하는 나를 최대한 담백해 보이게 인스타그램에 전시했다. 길지 않은 문장을 덧붙여서.

나를 '매 까올리'라고 부른다.

매=엄마, 까올리=한국.

인연이라는 것은 길이가 정해져 있는 걸까? 함께하는 날이 쉴 틈 없이 쌓일수록 에너지가 고갈되는 기분이었다. 하루에 고작 한두 시간이었는데 육아하는 느낌도 들었다. 어떤 날에는 해야 할 일이 많아서 잠깐 차옌만 사 들고 집에 가려고 식당을 지나쳐 카페에 들어갔다. 남들이 보면 그냥 카페에 들어간 사람으로 보이겠지만, 사실 나는 카페에 몰래 들어갔다. 오늘도 나를 기다렸을 바이는 나를 발견하고 카페로 달려왔다. 반갑지만은 않은 것을 바이가 눈치채게 하고 싶지 않았다. 여느 때처럼 바이를 안고 둥가둥가하다가 짧게 시간을 보내고 얼음이 다 녹아버린 차옌을 들고 집으로 돌아왔다.

그런 날들을 보내던 중 오랜만에 엄마에게 연락이 왔다. 외할머니가 위독하시다고. 그리고 며칠 뒤, 엄마의 두 번째 연락을 받았다. 한국에 들어와야 할 것 같다고. 인천공항에 내려 차가운 공기를 들이마시고, 마신 것보다 큰 한숨을 내뱉었다. 한숨이 하얗게 그려졌다가 빠르게 흩어졌다. 겨울이었다. 11월에도, 12월에도 그리고 1월에도 치앙마이에서 뜨거운 여름을 보내다 보니 1월이 겨울인 것을 까먹고 있었는데, 한국은 겨울이었다.

병원 앞에 도착하니 하얀 눈이 내렸다. 고개를 들어 눈을 바라보았다. 바삭바삭한 눈이 얼굴 위로 내려오더니 앉자마자 급히 녹아버렸다. 쭈뼛거리며 들어간 병실에서 몇 년 만에 할머니를 만났다. 산소 호흡기에 삶을 기대고 있던 할머니의 손은 잡으면 터질 듯이 부풀어 있었다. 관절이 굳어 딱딱하고 두꺼웠던 손은 더 이상 없었다. 그리고 다음 날, 할머니는 떠났다.

10일 만에 다시 돌아온 치앙마이는 예전만큼 뜨겁지 않았다. 한국에서 사 온 과자를 들고 시장에 갔다. 바이에게 줄 과자들이었다. 푸드코트로 바로 갔는데 바이가 보이지 않았다. 이모님과 눈이 마주쳤는데 당황함과 어색함이 묻은 눈빛으로 내게 인사했다. 카페에 들러 아이들과 인사를 나누고, 까르보불닭볶음면을 나눠주었다.

"오늘 바이 안 왔어?"

"아마도. 요즘 바이 못 봤어."

"왜? 카페에 자주 왔잖아."

"모르겠어. 우리도 며칠째 못 봤어."

10일 전에만 해도 삼촌 손잡고 맨날 카페에 놀러 오던 바이가 무슨 일인지 요즘 통 보이지 않는다는 거다. 치앙마이에 머무는 한국인 친구들에게 한국에서 사 온 음식을 배급하기 위해 서둘러 카페에서 나왔는데, 화장실에서 나오는 삼촌과 바이를 갑작스럽게 마주했다. 바이도 나를 발견하고 반가움에 웃음을 짓다가 이내 그 예쁜 웃음을 숨겼다. 걸음을 뗄 수가 없었다. 지금 이 상황이 이해되지 않았다. 멍하니 서서 빠르게 멀어지는 둘을 바라보았다. 바이의 발가락은 나를 향해 있었다. 늘 초롱초롱하던 얼굴에 슬픔 한 겹이 쌓인 바이는 계속 뒤를 돌아 나를 바라보았다. 삼촌은 나를 보고도 못 본 체하며 바이의 손을 잡아당겼다. 바이는 나를 계속 쳐다보며 이러지도 저러지도 못하는 발바닥으로 삼촌의 손에 끌려 식당으로 들어가고 있었다. 바이의 눈에는 더 이상 내가 비치지 않았다. 삼촌이 바이에게 태국어로 단호하게 말하는데 순간 귀가 트인 기분이었다.

"안 된다고 했다."

분명 이 말이었다. 바이에게 한 말이지만, 나에게 한 말처럼 들렸다. 한국에 다녀오고 너무 달라진 상황에 마음을 추스르고 이 상황을 정리할 시간이 필요했다. 다시 카페로 향했다. 얼얼해진 얼굴에 차옌을 한 모금 넣고 생각의 시간을 가졌다. 머리 안의 어떤 링이 빠르게 회전하는 듯했다. 바이를 처음 만났을 때부터 방금까지의 시간과 공간을 계속 돌려보았다. 놓친 부분은 없는지 더듬어보고, 또 들여다보았다. 오래 지나지 않아 하나의 추측이 만들어졌다.

아마도 내가 한국에 머무르는 10일 동안, 바이는 삼촌과 이모에게 칭얼대고 울면서 나를 찾았을 것이다. 삼촌과 이모는 일하면서 바이를 케어하느라 힘들었을 테고, 카페에서 일하는 친구들에게 내가 10일 후에 돌아온다고 들었겠지만, 바이에게는 그런 말이 크게 소용없었겠지. 내가 치앙마이에 돌아왔어도 나는 다시 한국으로 돌아갈 여행객이기에 삼촌과 이모는 이 상황을 반복하게 둘 수는 없었을 테다. 이방인 하나가 잔잔한 그들의 연못에 귀찮은 물보라를 일으켰구나. 적당히 사랑하는 법을 모르는 바이는 나에게 본인 몸집보다 큰마음을 주었다. 마음의 화살표를 따라 곧이곧대로 사랑을 표현했다. 바이는 내 친구가 아니었다. 바이는 아이였다.

책임감 없이 흩뿌린 사랑에 갑작스럽게 결말이 나버렸다. 차옌 컵 안의 얼음이 녹아 짧게 찰랑거렸다. 빨대를 물고 혀끝을 힘껏 당겼다. 달고 진했던 처음과 달리 차옌은 싱거워졌다. 빨대 끝에서 끝났다며 찬 물방울이 으르렁거리는 소리가 났다. 나는 카페에서 나와 한 번도 뒤돌아보지 않고 다음 목적지로 향했다. 책임지지 못할 마지막 인사는 할 수 없기에.

딘타이펑보다 ~~~~~

　　　　　　　　　중요한

　　　　거 _____

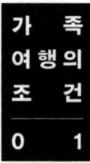

가족
여행의
조건
01

한 달간 리모델링 공사를 진행합니다.

우리 동네의 한 평범한 식당에 붙어 있는 A4용지에는 꽤나 과감한 문구가 적혀 있었다. 오른쪽에서 불어오는 봄바람을 맞으며 그 과감하고 엉성한 공지를 몇 초간 바라보다가 문을 열었다.

"엄마, 공사를 한 달이나 해?"

10년을 쉼 없이 달려온 엄마의 식당이었다. 남들 다 쉬는 빨간 날에만 손님이 없으니 어쩔 수 없이 쉬었을 뿐, 식당이 문을 닫는 일요일을 제외하면 엄마는 10년 동안 휴가를 가져본 적 없었다. 그런 작고 평범한 이 식당에 업종 변경을 위한 한 달간의 빨간 날이 찾아온 것이다.

한 달간의 빨간 날이 시작된 첫날, 엄마는 여느 일요일처럼 쉬었다. 둘째 날에도 일요일처럼 쉬었다. 집 밖을 나가지 않고 TV 앞에서 드라마를 보고, 밥을 먹고, 졸리면 잠에 들었다. '10년 동안 숨 가쁘게 달려온 엄마는 쉬는 방법을 까먹었다'라는, 상투적이지만 그럼에도 감동이 보장되는 이 문구를 써보고 싶었는데, 엄마는 너무 잘 쉬고 있었다. 지켜보는 딸로서 아쉬운 점은 한 달이라는 긴 휴식 기간에 너무 집에서만 쉰다는 것이었다.

엄마는 한국 밖을 나가본 적이 없었다. 내가 여행 콘텐츠 제작이라는 명분으로 1년에 몇 번이나 비행기를 타면서 비행기 좌석에 대한 취향이 생길 동안 엄마는 한국은 물론이고 경기도권을 나가본 적도 몇 번 없었다.

"너는 맨날 놀러 다녀서 좋겠다."

여행 크리에이터에게 하면 조금 거시기한 말이 하나 있다. 내가 낑낑대며 캐리어를 들고 현관문을 나갈 때마다 엄마는 그 거시기한 말을 정확한 발음과 정확한 뉘앙스로 내게 던졌다.

"안 놀아. 안 좋아. 힘들어."

그럴 때마다 나는 과장을 덧붙여 응대했다. 그렇지 않으면 엄마는 이 여행 콘텐츠라는 거대 자본과 초과 근로 시간의 범벅을 코털만큼도 이해하지 못할 테니까. 엄마는 내가 〈소풍족〉 채널을 운영한 지 3년이 지날 때까지 나를 백수라고 생각하며 가엾게 여겼다. 내가 여행을 다녀오면 집에만 있으니 일을 하지 않는다고 생각하는 듯했다.

"미용을 배워보는 거 어때? 너 손재주 좋으니까 잘할 것 같은데."

"저 사람처럼 배달로 크로플 한번 팔아봐. 어마어마하게 많이 팔린대."

"서우랑 식당 하는 게 어떻니? 서우 요리 잘한다며, 서우는 주방에서 일하고 너는 홀 담당해."

"영어 좀 배워서 여행 가이드 해 봐. 너 여행 좋아하잖아."

만으로 해도 30대가 된 내게 엄마는 자꾸만 직업을 추천했다. 모든 직업을 해 볼 만한 것같이 툭툭 내놓아서 사실은 가끔 혹하기도 했다. 하지만 안타깝게도 엄마가 생각하는 것보다 〈소풍족〉 채널은 느리지만 계속 성장 중이었다. 가족에게 월급을 까지 말라는 무시무시한 풍문을 맹신한 나는 절대 내 수입을 밝히지 않으려고 했으나, 도저히 멈출 줄 모르는 엄마의 직업 추천에 너스레를 떨 수밖에 없었다.

"엄마, 나 돈 벌고 있는데 왜 자꾸 다른 거 하래. 이번에도 광고 받아서 촬영 갔다 온 거야."

신념은 지키고자 정확한 수입은 말하지 않고, 그것보다는 조금 낮춰서 수입을 까버렸다. 물론 지출까지 다 계산한 실수입은 아니고 그저 수입이었다. 이런저런 거 다 계산하면 실수입이 귀여워지기 때문에 말할 맛도 안 나고, 그럼 엄마도 내 직업 탐구활동을 멈추지 않을 것 같아서 지출은 생략했다. 그냥 〈소풍족〉의 몸값이랄까. 내게 흥미진진한 이야기를 듣고 난 엄마는 더 이상 직업을 추천하지도, "너는 맨날 놀러 다녀서 좋겠다"라는 말도 하지 않았다. 대신 다른 말을 덧붙였다.

"너는 맨날 놀러 다니면서 돈 벌어서 좋겠다."

60년대생인 엄마는 '여행'이라는 것을 '일'이라고 생각하지 않았고, '유튜버'라는 것을 '직업'이라고 생각하지 않았다. 그도 그럴 것이 엄마는 1992년에 시집온 뒤부터 나를 세상에 내보내고, 동생까지 내보내 사람 구실 시키고, 우리가 사람이 된 것 같을 때는 자식들에게 손 벌리지 않고 당신 스스로 먹고살겠다며 치열하게 세월을 보낸 턱에 제대로 된 여행 한 번 간 적이 없었다. 그래서 엄마는 여행을 텔레비전으로 배운 사람이었다. 진심으로 나를 부러워하는 듯한 엄마를 바라보며 생각했다.

'엄마가 언제 여행 한번 제대로 가서 하루 일정 끝내

고 베개에 머리를 대자마자 잠들고는 '밤에 잠이 잘 안 온다는 말은 나의 노력 부족이구나' 하면서 깨닫는 경험을 한번 해봐야 하는데.'

그런 와중에 엄마에게 한 달간의 휴식이 생긴 것이다. 그것도 애매한 4월에. 럭키구만! 나는 애매한 달에 여행하는 것을 좋아한다. 여행객도 적고, 항공권도 상대적으로 저렴하기 때문에.

"엄마, 한 달이나 쉬는데 여행 잠깐 다녀올래?"

"뭐? 어디? 일본?"

"아니. 일본은 내가 안 가봐서 안 돼."

가족 여행에는 몇 가지 조건이 붙는다. 첫 번째, 내가 가본 곳을 갈 것. 나도 낯선 곳의 공항에서 핸드폰만 붙잡고 검색에 검색을 할 생각을 하니, 아직 가지도 않은 여행을 Ctrl + F4를 눌러 강제 종료하고 싶은 기분이었다.

"길게 다녀오면 식당 공사하는 거 중간중간 확인 못하니까 대만은 어때? 엄마 대만 드라마 많이 봤잖아."

"어머, 대만? 좋지!"

내가 살면서 본 여자 중 가장 표현에 인색한 사람이 눈을 똥그랗게 뜨면서 좋다고 하니 귀여우면서도 미안한 마음이 들었다. 그동안 엄마는 가게 일이 끝난 뒤 집으로 돌아오면 잠들기 전까지 거실에서 떠날 줄 몰랐다. 가끔은 거실 소파에 누워서 잠들기도 했다. 바닥에 앉아 커다란 소파에 등을 기대고 한국 드라마를 넘어 중국 드라마, 일본 드라마, 일본 애니메이션, 대만 드라마, 태국 드라마, 심지어는 인도 영화까지 보며 시간 가는 줄 모르고 깔깔대는 것이 엄마의 낙이었다. 가끔 각 나라의 랜드마크나 멋진 풍경을 보여주는 장면이 나오면 엄마는 "와, 멋있다", "끝내주네" 같은 혼잣말을 부엌에 앉은 내가 딱 들릴 만큼의 볼륨으로 탄성을 터트렸다. 쉬지 않고 일하다 겨우 갖게 된 휴가에 아무것도 하고 싶지 않은 피로감은 알지만, 엄마가 집 밖에서 조금 더 활동적으로 시간을 보냈으면 하는 욕심도 들었다. 그렇기에 대만 여행은 엄마도, 나도 꽤나 만족스러운 휴식이 될 것 같았다.

"이모도 데려가야 하지 않을까? 이모 서운해할 것 같은데…."
"이모? 언니한테 한번 물어볼게."
이모는 엄마의 언니이자 엄마의 가장 친한 친구였고, 내게는 엄마 같은 사람이었다. 내가 최초로 기억하는 장면에도 이모가 있었다. 여행을 좋아하는 이모는 엄마에게 전화를 걸어 지금 채널 몇 번 틀어보라면서 〈걸어서 세계 속으로〉, 〈세계테마기행〉 같은 여행 프로그램을 보며 호들갑을 떨곤 했다. 그리고 이모는 "은영이가 우리 여행 한번 데려가 주면 참 좋겠다. 돈은 우리가 다 낼게"라며 여행 노래를 불렀었다. 엄마도 익히 알고 있기에 빠르게 핸드폰 케이스를 열어 이모에게 전화를 걸었다.

"어, 언니! 뭐한당가?"

"청소 중이란다."

"아니, 은영이가 대만 여행 가자고 하네? 3박 4일? 이모도 시간 되면 같이 가자는데?"

"어머나, 우리 강아지! 가야지, 가야지. 은영이가 데려가 줄 때 가야지."

엄마의 은근한 자랑과 이모의 신난 콧소리로 정신없는 짧은 통화가 끝난 뒤, 나는 바로 항공권을 결제했다.

가족 여행의 조건 두 번째, 웬만하면 한국 국적기를 타는 게 좋다. 우리야 기내 서비스보다는 돈을 좀 더 절약하는 쪽을 선호하지만, 여행이 연중행사인 엄마와 이모에게는 대접받는 느낌이 더 중요하다. 대만 타이베이까지 고작 2시간 30분이지만, LCC(저가항공사)는 좌석 간격이 좁고, 스크린도 없고, 무엇보다도 기내식을 주지 않기 때문에 비행기를 타는 맛, 서비스를 받는 맛이 나지 않는다. 그래서 기내식으로 한식을 주는 대한항공이나 아시아나항공을 타려고 했는데 마음에 쏙 드는 시간대가 없어서 대만 국적기인 중화항공으로 예약했다. 좌석 배열은 2-4-2여서 엄마와 이모를 붙여 앉히고, 시트를 마음 편히 젖힐 수 있게 나는 그 뒷좌석으로 지정했다.

이미 두 번이나 다녀온 타이베이였지만, 엄마와 이모라는 변수는 나를 처음부터 다시 공부하게 했다. 끊임없는 검색으로 일정을 만들어갔다. 의자에 앉아 인터넷만 돌아다니는데도 쉽지 않은 여정이었다. 개인적으로는 위생이 좋아 보이지 않아도 조금 더 로컬스러운 식당과 비좁아도 그 나라의 특색이 묻어나는 카페가 좋지만, 어른들에게는 위생이 첫 번째다. 그리고 대만 음식 특유의 향신료를 엄마와 이모가 즐길 수 있을지도 의문이었다. 3박 4일이라는 짧은 기간이기에 너무 힘들게 돌아다니게 하고 싶지는 않지만, 또 친구들에게 타이베이에 다녀왔다고 자랑할 만한 명소는 데려가고 싶었다. 일단은 위의 조건들을 다

충족하는 식당, 카페, 관광지를 잘 추려서 대강의 일정을 완성했다. 이미 일정표는 가득 찼는데도 형체 없는 불안함이 일정표의 빈 곳을 메웠다.

인천공항에서부터 엄마와 이모는 면세점에서 선글라스를 벗었다 꼈다 하며 어떤 놈을 데려갈까 고르고 또 골랐다. 오늘만을 위해 돈을 모아온 사람들처럼 50만 원을 긁는 데 망설임이 없었다. (물론 망설임 없이 할부로 긁었지만.) 언젠가 "여행은 소비의 총집합"이라는 말을 본 적이 있는데, 엄마와 이모를 보며 그 말을 떠올리고 고개를 끄덕였다. 공항에서부터 소비는 시작된 것이다. 돈을 아껴서 알뜰한 여행을 하고 싶은 나와 달리, 어른들은 여행에 돈을 아낄 생각이 전혀 없었다. 돈을 쓰는 것이 어른들의 여행이었다. 돈을 쓰는 행위를 통해 여행을 즐기고, 돈을 쓰기 위해 여행을 떠난 것이었다.

반대로 기내에서는 공짜라는 키워드가 엄마와 이모를 들뜨게 했다. 당연히 우리가 지불한 항공권 가격에 포함됐겠지만, 당장 현금과 신용카드를 내밀지 않아도 되니 기분은 공짜다. 기내식과 공짜 맥주를 받고, 애매하게 신나는 알루미늄 캔 부딪치는 소리와 함께 하늘 위에서의 식사를 즐겼다. 아마도 엄마가 가본 식당 중 가장 멋진 뷰였겠지. 엄마는 타이베이까지 가는 2시간 30분 내내 창에 이마를 박고 구름과 하늘을 구경하기 바빴다. 미동도 없이 한참 동안 창밖을 보는 엄마를 보면서, 혹시 밖에 임영웅이라도 있나 창밖을 봤지만 뭉게구름만 둥실거렸다. 나도 비행기에 타면 화장실에 편히 가는 것보다 창밖 구경이 더 좋아서 늘 창가석으로 앉는데, 엄마도 저렇게 푹 빠져서 구경하는 것을 보니 엄마가 나를 참 많이 닮았구나 싶었다. 엄마의 뒤통수를 바라보다가 나도 다시 창밖으로 고개를 돌렸다. 아는 사람은 안다. 불멍, 물멍만큼 구름멍도 시간 가는 줄 모른다는 것을.

"와, 덥다잉."
"워매, 진짜 덥다잉."
"그치, 대만은 맨날 더워."

뜨거운 타이베이 공항에 도착해서 숙소까지 가는 택시를 부르는데, 요즘 택시 어플에는 뭐가 이렇게 옵션이 많은지, 어떤 차종을 고를지부터 고민이 됐다. 친구들과 왔다면 다 치우고 가장 위에 있는, 가장 저렴한 옵션으로 선택했을 텐데 엄마와 이모의 품격 넘치는 여행을 위해 그 아래, 아래에 있는 조금 더 큰 차종을 선택했다. 굿 초이스였다. 좌석이 넓고, 짐칸도 널널해서 쾌적하게 타이베이에서의 일정을 시작할 수 있었다. 패키지 여행으로 유럽과 중국도 다녀와 봤던 이모는 핸드폰을 만지다가 이내 잠이 들었고, 해외가 처음인 엄마는 계속 고개를 좌우로 돌려가며 창밖의 타이베이를 구경했다.

가족 여행의 조건 세 번째, 적당한 조식이 있는 호텔을 예약할 것. 영상에서 줄곧 "여행이란 굳이 조식을 먹는 것"이라고 외치던 나는 어느 순간부터 조식 대신 늦잠을 선택했다. 졸린 눈을 비비며 조식을 챙겨 먹고, 다시 침대로 돌아와서 잠을 청하는 모순을 눈치채기 시작한 것이다. 엄마와 이모도 여행 일정을 소화하다 보면 늦잠을 자고 싶을 거라는 그럴싸한 추측으로 조식 없이 침대가 세 개 있고, 작은 욕조에서 사우나를 즐길 수 있고, 뻥 뚫린 뷰를 구경할 수 있고, 앉아서 쉴 수 있는 소파가 있는 방을 예약했다.

만 31세 애송이의 추측은 어떤 것은 맞고, 어떤 것은 틀렸다. 틀린 문제 중 가장 배점이 높은 것이 바로 조식이었다. 엄마와 이모는 어른이었다. 늦잠 자는 방법을 몰랐다.

첫날 밤을 빼고 그녀들은 아침 7시면 눈을 떴다. 방에 있는 캡슐커피를 내려서 따뜻한 아메리카노와 한국에서 싸온 땅콩, 멸치, 고추장을 곁들여 품격 있는 조식을 만들어 먹었다. 이 경험을 말미암아 후에 엄마와 동생과 떠난 방콕 여행에서는 조식이 잘 나오는 호텔에 묵었다. 늘 남이 차려주는 아침만 먹고 살았던 나는 호텔 조식의 사랑스러움을 잘 몰랐는데, 엄마는 그 사랑스러움을 잘 알았다. 엄마는 남이 차려주는 아침을 좋아했다.

"은영아, 이모 배고파."
"뭐 좀 먹자."

호텔에 짐을 풀자마자 엄마와 이모가 반가운 소리를 냈다. 실패가 없는 식당에서 밥을 먹으며 엄마와 이모의 기호를 알아낼 요량이었다. 대만의 유명 체인점인 '딘타이펑'은 한국에도 매장이 있을 만큼 한국인들에게 인기 많은 식당이다. 대만의 첫인상을 제법 괜찮게 만들 수 있기에 첫 식사는 딘타이펑으로 정했다. 굶주린 여자들은 예민하기 마련이니 택시를 타고 서둘러 숙소 근처의 딘타이펑 매장에 도착했다.

"워매…."

"이 사람들 다 기다리는 거야?"

원래도 대만의 맛집 웨이팅은 악명 높은데, 딱 저녁 시간 대라 그런지 이 더운 날에 밖에서 기다리고 있는 사람들이 한 무더기였다. 지금 당장 굶주린 여자들의 입에 무언가를 넣어주지 않으면 짜증을 낼 수도 있는 일촉즉발의 순간이었다. 미리 검색해 둔 근처의 펑리수 가게로 향했다. 지금부터는 기싸움이다.

> '내가 무너지면 엄마와 이모가 무너지는 것 또한 시간 문제야. 쫄리는 내 심장을 들키면 안 돼.'

최대한 여유로운 척하며 길을 안내하고, 엄마와 이모에게 펑리수를 하나씩 건네주었다.

"먹어 봐, 펑리수야. 대만에서 파인애플이 많이 난대. 그래서 파인애플을 넣은 펑리수가 엄청 유명해. '펑리'는 파인애플이란 뜻이고, '수'는 간식이란 뜻이야."

"응, 맛있네."

"많이 안 달다잉."

많이 안 달다는 최고의 칭찬을 해주는 엄마와 이모를 보니 배가 어느 정도 진정된 듯했다. 나도 달달한 게 들어가니 머리가 굴러가기 시작했다. 저 딘타이펑 매장은 웨이팅하다가 영업시간이 끝날 것 같기도 하고, 더운 데서 엄마와 이모를 계속 서 있게 할 수도 없었다. 조금 더 멀더라도 쇼핑몰 안에 있는 매장에서 구경이라도 하며 웨이팅해야겠다는 생각으로 다시 택시를 타고 이동했다. 다행히도 쇼핑몰 안의 딘타이펑 앞에는 공용 테이블과 의자가 있어서 엄마와 이모가 앉아서 기다릴 수 있었다. 시원한 곳에 앉아 아까 사 온 펑리수와 누가크래커를 까먹는 엄마와 이모를 보며 한숨 돌렸다. 가족여행의 조건 네 번째, 웨이팅이 필수인 식당은 실내가 답이다.

식사는 순조로웠다. 일단 어른들을 달래기 위해 시원한 맥주를 주문했고, 한국인들에게 호불호 없이 사랑받는 딤섬과 볶음밥 그리고 우육면과 매콤한 반찬도 주문했다. 다들 맛있게 잘 먹었다. 딘타이펑은 대부분 매장이 깔끔하고 넓어서 아무래도 엄마와 이모가 마음 편히 식사할 수 있었다. 나는 밥을 먹으면서도 눈알을 요리조리 굴리며 엄마와 이모의 기호를 알아내야 했다. 그래서 얻은 결론은, 엄마와 이모는 이국적인 향이 나는 이 우육면을 좋아하지 않는다는 것이었다. 젠장, 내일 아침에 우육면 먹으려고 했는데.

식사를 마치고 소화할 겸 방문한 야시장에서 맡은 취두부 냄새에 엄마와 이모가 전의를 상실해 급히 숙소로 돌아왔다. 샤워를 마친 할머니의 두 딸은 피곤할 겨를 없이 잠들어버렸다.

 '그래, 엄마, 이게 여행이야.'

우육면 앞에서

무너진

효녀의 멘탈

가족
여행의
조건
02

그나마 오늘은 조금 마음이 편한 날이었다. 타이베이에 오면 으레 다들 신청하는 '예스지 투어'가 있는 날이었다. 예류지질공원의 '예', 스펀의 '스', 지우펀의 '지' 앞 글자를 따서 만든 타이베이 외곽 투어였다. 나는 투어 전과 후의 일정만 책임지면 되는 거였다. 커피를 내려 마시며 아침을 맞이하는 엄마와 이모가 내게 말을 걸었다.

"은영아, 아침 뭐 먹을 거야?"

"아침? 우육면 먹으려고 했는데…."

"어제 먹었던 그거?"

내가 생각했던 것보다 어른들은 우육면을 더 불호했다. 원래는 로컬 분위기에 국물 맛이 끝내준다는 우육면 식당에 가려고 했는데, 표정을 보아하니 그대로 진행했다가는 평생을 "대만은 두 번은 못 가겠더라"라는 말을 들을 것만 같았다. 흔들리는 멘탈을 부여잡고 어렴풋한 기억을 더듬고, 만지고, 흔들어서 예전에 갔던 깔끔한 우육면 식당을 찾아냈다.

"나는 그렇게 생각해. 대만에 왔으면, 대만 대표 음식 하나는 먹어 봐야 한다고 생각해."

우육면 식당에 끌려온 엄마와 이모에게 선전포고했다. 나의 기세에 엄마와 이모는 마지못해 고개를 끄덕였다. 식당 주인에게 받은 메뉴판을 들고 와서 음식을 고르는데 뒤통수로도 어른들의 쭈뼛거림이 느껴졌다.

"이모는 자장면 먹을래."

"엄마는 얼큰한 거 시켜줘."

'돌아버리겠구만.'

메뉴판에 한국어로 적힌 '자장면'이라는 단어를 기어코 찾아낸 이모가 다시 우육면을 거부했다. 대만의 자장면은 우리나라의 자장면과는 많이 다르다. 춘장이 들어가긴 하지만 면이 두꺼워서 밀가루 맛이 많이 나는 스타일이다. 나도 먹어 보지 않은 음식이었기에 주문하기 망설여졌다. 거기에 엄마까지 우육면을 거부하니, 마치 2 대 1로 대치하는 기분이었다. 여자 셋이 다니는 여행이 나와는 맞지 않는 걸까? 타이베이에 도착한 지 20시간 만에 나는 지쳐가고 있었다. 어쩔 수 없이 우육면은 한 개만 주문하고, 자장면 대신 밥과 반찬들 그리고 두유를 골랐다. 엄마가 한국에서 두유를 자주 마셨어서 한국식 두유보다 묽고

달달한 대만식 두유도 맛보게 해주고 싶었다. 엄마가 좋아하겠지.

"엄마, 이거 먹어봐. 두유야, 두유."

두유를 한 입 마신 엄마가 '으엑' 하는 표정을 지었다. 악취로 유명한 취두부도 아니고, 두유가 그런 표정을 지을 정도라고? 여행을 즐길 준비가 되어 있지 않고, 꼬투리만 잡으려는 것 같은 엄마가 순간 밉고 서운했다. 이모가 옆에 있으니 참으려고 했는데 울컥한 마음을 도저히 밖으로 분출하지 않으면 안 될 것 같았다. 이를 악물고 웃으면서 가시를 내뱉었다.

"엄마, 그런 식이면 나중에 방콕 가면 힘들어."

"야, 맛있다고 해부러…."

"맛있다고 안 해도 돼. 그런데 못 먹는 음식 먹은 것처럼 '으엑' 했잖아. 그러면 자식들은 다시는 안 데리고 오고 싶어 해."

"야, 웃어. 표정 관리 잘 해야쓰것다."

엄마는 당황해서 아무 말 없었고, 옆에 있던 이모가 분위기를 바꿔보려고 쩔쩔댔다. 말을 내뱉으면서 동시에 후회가 밀려왔지만 멈출 수가 없었다. 엄마의 첫 해외여행이라 즐겁기만 하고 싶었는데, 결국 내가 한순간에 분위기를 망쳐버렸다. 나도 안다. 내가 저런 가시를 내뱉었을 때, 엄마도 나에게 가시를 내뱉을 수 있다는 것을. 그렇지만 엄마는 가시를 내뱉지 않았다. 엄마와 이모를 대만에 데려와 준 내가 그저 고마웠을 테니까.

주문한 모든 음식이 나오고 분위기를 어떻게든 바꿔보려는 세 명의 젓가락이 분주했다. 다들 한식당에라도 온 듯 망설임 없이 반찬을 입에 넣기 시작했다.

  "괜찮네."

  "엄마, 이제야 괜찮다고 해주는 거야? 하하."

  "여행 안 데꼬 다닌다는데 어쩐다냐 그라믄."

"괜찮네"라는 말은 엄마가 음식을 먹고 맛있을 때 하는 표현이었다. 그것을 알기에 엄마의 노력이 귀엽고 고마웠다. 내가 여행으로 엄마를 협박한 건가 싶어 미안하기도 하고, 그만큼 엄마가 여행이 좋아진 건가 싶어 신기하기도 했다. 타이베이로 향하는 비행기에서 엄마가 했던 말이 떠올랐다.

  "또 여행 오자."

여행하러 가는 길인데 또 여행 오자는 말이 웃기면서 동시에 미안한 마음이 들었다. 어쩔 수 없이 나는 효녀인 것인가!

버스로 다니는 예스지 투어는 평범하고, 아찔했다. 그리고 즐겁고, 괴로웠다. 침식과 풍화 작용으로 버섯 모양의 기암들이 모여 살고 있는 바닷가 마을 같은 예류지질공원에서 엄마와 이모는 첫 관광지여서인지 에너지가 넘치고 사진 찍기 바빴다. 그 모습을 기대했던지라 여기저기서 계속 사진 요청을 하는 엄마와 이모 앞에서는 귀찮은 척했지만 속으로는 매우 만족스러웠다. 억센 바닷바람에 사진을 찍던 엄마와 이모의 모자가 날아가는 바람에 몇 번 써보지도 않은 모자를 구출하느라 어른들의 에너지가 급격하게 소진된 것 같았지만, 예스지 투어는 계속됐다.

스펀 마을은 기찻길에서 소원을 적은 천등을 날리는 곳이었다. 천등의 네 면에 각각의 테마별 소원을 붓으로 적어야만 천등을 날릴 수 있었다. 여기가 정말 스펀 기찻길인가 싶을 정도로 기찻길 위에는 한국인들로 가득 차 있었고, 한국인들을 상대하는 대만 상인들의 어설픈 한국어가 바글거렸다. 그 정신없는 곳에서 우리는 사업, 건강, 사업, 금전에 관련된 각각의 네 가지 소원을 생각해 내야만 했다. 사업, 건강까지는 순순히 적어주던 엄마가 세 번째 면부터 이모의 한마디에 바로 붓을 내려놓았다.

"또 써?"

"그래, 아, 그만 써, 그만 써."
마치 약속이라도 한 듯이 이모가 먼저 힘든 티를 내면 엄마는 바로 이모 옆에 서버렸다. 이건 조금 외로운데? 지금 이 순간만큼은 열심히 천등을 돌려주고 있는 저 처음 본 대만 상인이 나를 더 이해해 줄 것만 같았다. 엄마와 이모 귀에 꽂힐 만큼 깊은 한숨을 내뱉고 세 번째 면부터 내가 마저 쓰려고 하자, 이제는 이모가 내 눈치를 보기 시작했다. 이 요상한 먹이사슬 같은 관계가 참 괴로웠다.

우리 은영이 백마 탄 왕자님 나타나길.

이모의 소원을 끝으로 짜증이 덕지덕지 묻은 천등이 완성되자, 천등을 뒤집어주던 분이 우리를 기찻길로 데려갔다. 내 핸드폰을 가져가더니 일방적인 한국어로 포즈 코칭을 시작했다.
"모서리. 잡아요. 들어요. 김치."
그가 시키는 대로만 하면 정말 괜찮은 사진이 뚝딱뚝딱 나왔다. 천등에 불을 붙이고 날릴 때까지 그의 사진 열정은 멈출 줄 몰랐다. 괜찮은 사진 몇 장은 남았지만, 사진보다 원했던 소원은 1년 넘게 지난 지금 단 한 개도 이뤄지지 않았다.

영화〈센과 치히로의 행방불명〉의 배경지로 유명해졌지만, 미야자키 하야오 감독은 아니라고 부인했다는 지우펀에 도착했다. 산 위의 아기자기한 마을인데, 해가 질 때쯤 켜지는 홍등의 야경이 아름다운 곳이었다. 아홉 농가만이 살고 있던 작은 마을이었는데, 누군가 시장에 다녀오면 늘 9등분으로 나눠 가져서 '9등분'이라는 뜻의 '지우펀(九份)'이 되었다고 한다.

예류지질공원, 스펀 모두 사람들로 붐볐지만 지우펀은 남달랐다. 뭘 하지 않아도 사람들과 부딪히지 않기 위해 애써야 하고, 군중의 속도에 맞춰 걷다가 다시 멈추고, 상인들이 나눠주는 시식품을 입에 쑤셔 넣다 보면 흐르는 땀만큼 기운도 빠졌다. 정신없이 얼레벌레 걷다 보니 지우펀의 하이라이트, 찻집 골목에 도착했다. 사람 둘이면 금세 꽉 차버릴 만큼 좁은 계단식 내리막길이었다. 골목의 양쪽으로는 홍등에 불이 들어와 있었고, 계단에는 내려가는 사람과 올라가는 사람들이 마구 섞여 있었다.

"언니, 내려갈 수 있어? 힘들면 가지 마러."

무릎이 안 좋아서 계단 내려가는 것을 힘들어하는 이모

에게 엄마가 말했다. 저 찻집과 찻집 옆에 켜진 홍등을 보기 위해, 아니 사진을 찍기 위해 지우펀에 온 것인데 코앞에서 인생샷을 포기해야 했다. 나야 이미 지우펀이 세 번째라서 욕심은 없었지만, 이 인생 사진의 성지에서 둘의 사진을 못 찍어준 게 어쩌나 아쉽던지. 하지만 엄마와 이모를 보니 아침에는 제법 자유롭게 움직이던 얼굴 근육들이 근손실이라도 난 듯 퍼져서 표정이 '없음'에 가까웠다. 더는 무리할 수 없을 것 같아 버스로 돌아갔다.

늦은 저녁 숙소에 도착했다. 아무래도 필살기를 꺼내야 할 것 같았다. 가족 여행의 조건 다섯 번째, 컵라면과 김치는 선택이 아닌 필수다. 한국에서 사 온 컵라면과 손바닥만 한 김치팩을 꺼냈다. 그리고 엄마와 이모가 씻는 동안 나는 비를 뚫고 편의점에서 맥주를 사 왔다. 컵라면, 김치, 맥주 이 삼합에 엄마와 이모는 별의별 감탄사를 다 내뱉으며 굉장히 개운해하고 또 행복해했다.

"크으, 이 맛이야."
"죽은 서방이 돌아온 맛이야?"
"죽은 서방이 돌아와도 이렇게는 안 반겨. 뭐 하러 다시 왔냐 하지."

안타깝게도 아빠와 이모부 모두 건강하시다. 나만 서방이 없어서 4초 정도 외로웠지만, 서로 오고 가는 농담에 목젖을 달랑달랑 흔들면서 크게 웃는 엄마와 이모를 보면서 소화는 잘되겠다 싶었다. 조금 더 긴 여행인 경우, 고추장과 참기름도 챙긴다면 지구 최고의 효녀, 효자가 될 수 있다.

우리가 〰〰〰

모르는

―――― 서로의 피로

가족 여행의 조건
03

오늘의 키워드를 정하자면 '쉬엄쉬엄'이었다. 점심에는 미리 예약해 둔 키키 레스토랑에서 맵싹한 요리들을 먹고, 중정 기념당을 구경하고, 발 마사지를 받고, 숙소로 돌아와 조금 쉰 다음에 저녁에 타이베이101에서 야경만 보고 돌아오는 일정이었다. 최적의 동선과 택시만 이용한다면 더할 나위 없이 적당한 일정이라고 생각했다. 나는 그렇게 생각했었다.

"키키 레스토랑에 갈 건데, TV에도 많이 나온 엄청 유명한 식당이야."

가족 여행의 조건 여섯 번째, TV에 나온 곳을 가라. 우리가 유튜브, 블로그에서 본 곳에 가보고 싶어 하듯이 어른들도 TV에서 연예인들이 간 곳에 가고 싶어 한다. 심지어는 "그 프로그램에서 연예인 누구가 거기 갔던데"라며 운을 떼기도 한다. 직역하자면 "우리는 거기 안 가니?"라는 뜻이다. 일정에 그곳이 없다면, 당황하지 말고 거기는 지저분하다고 하거나, 사람이 너무 많아서 오래 기다려야 한다고 하면 된다. 지저분하다는 한마디면 어른들은 웬만하면 고개를 끄덕인다. 그리고 사실 나는 키키 레스토랑이 TV에 나왔는지 안 나왔는지 모른다.

어쩌면 TV에 나왔을 키키 레스토랑에서 일단 시원한 골드메달 타이완 비어를 목구멍에 부었다. 매콤한 고기 부추볶음과 새우튀김, 새우볶음밥이 연달아 나와서 신나게 먹었다. 이내 고수가 듬뿍 얹어진 돼지고기 수육이 나왔다. 엄마와 이모 둘 다 고수를 어려워하는 눈치여서 나는 바로 고수 청소에 들어갔다. 부추볶음에 뭐가 들어갔니, 어떻게 만들었니 하면서 음식 분석을 하는 것을 보니 엄마와 이모가 꽤 맛있는 식사를 하는 듯했다.

"밥 포장해 가자."

말 그대로 '요리'가 아니라 정말 남은 '흰 밥'을 포장해 가자는 말이었다. 이모가 가져온 고추장에 비벼 먹고 싶었던 것 같다. 황당했지만 이모의 눈에 '거절은 거절한다'라고 쓰여 있어서 거절할 수 없었다. 그렇게 키키 레스토랑이 적힌 쇼핑백을 들고 중정 기념당으로 향했다.

중국에서 대만으로 넘어와 자유중국을 수립하고자 노력

했던 장제스를 기념하기 위해 만들어진 중정 기념당은 대만 국민들의 모금으로 지어졌다고 했다. 역사를 좋아하는 엄마와 사진을 좋아하는 이모는 중정 기념당에 입장하자마자 양 갈래로 찢어졌다. 오른쪽으로는 핸드폰을 숙소에 두고 온 이모가 엄마 핸드폰을 들고 이리저리 사진을 찍고 있었고, 왼쪽으로는 바지 주머니에 양손을 꽂은 엄마가 터벅터벅 걸어가고 있었다. 저렇게 성향이 다른데 또 사이좋게 잘 지내는 것도 신기하다는 생각이 들었다. 역시 자매가 짱인 건가.

"은영아, 둘이 친한 척해봐."

중정 기념당 앞에서 이모의 사진 열정이 펼쳐졌다. 모녀에게 친한 척해보라는 이모의 코칭에 엄마는 그만 찍으라고 고래고래 소리를 지르면서도 내 쪽으로 얼굴을 기울였다.

"어머, 환상이야, 환상!"

이모가 찍고, 이모가 제일 감동받은 상황이었다. 우리 모녀는 그런 이모가 귀엽고 웃겨서 가슴을 들썩거리며 마음껏 폭소했다. 이모는 연거푸 사진을 찍다가 나랑 똑같이 찍고 싶다며 엄마에게 핸드폰을 넘겼다. 친구들과 여행을 가도 이렇게까지 사진을 많이 찍어본 적이 없어서 새로웠다.

"바닥을 이렇게 많이 보이게 하면 안 되는데."
엄마가 찍어준 사진을 확인하던 이모가 중얼거렸다. 분명히 중얼거렸지만 나와 엄마 모두 정확히 잘 들었다. 이미 지나간 사진은 어쩔 수 없는 것. 중정 기념당을 구경하고, 근위병 교대식까지 보고 난 후에 발 마사지를 받으러 갔다. 엄마는 발 마사지를 받아본 적이 없어서 그런지 싫은 티를 냈다. 내가 그동안 여행 다니면서 왜 새로운 것에 거부감을 느끼고, 망설였는지 알게 됐다. 엄마를 닮았구나. 그렇다면 엄마는 분명히 발 마사지를 받으면 좋아할 거라는 확신이 들었다.

뜨끈한 물에 퉁퉁 부은 발이 씻기고, 남의 손으로 발 여기저기가 주물러지는 것은 정말이지 황홀했다. 나는 더 황홀해지기 위해 일부러 많이 걷고 마사지숍을 방문하기도 했다. 역시나 엄마도 황홀한 표정이었다.

"야, 좋다잉."
60분이 끝나고 로비에서 따뜻한 차를 마시던 엄마가 웃으며 말했다.

'그럴 줄 알았어.'

저녁 8시에 미리 예약해 둔 타이베이101 타워에 가야 하고, 지금은 오후 4시니까 시간이 조금 남았다. 차라리 엄마와 이모가 숙소에서 좀 쉬다가 택시를 타고 타이베이101을 후딱 다녀오는 것이 좋을 것 같다는 생각이 들었다.

"택시 불러줄 테니까 엄마랑 이모랑 숙소에서 쉬고 있어. 나는 밖에서 놀다가 저녁에 초밥 사갈 테니까, 먹고 타이베이101 가자."

어른들은 내 제안이 마음에 드는 눈치였다. 엄마와 이모는 잽싸게 택시 뒷좌석에 앉아 내게 손바닥을 흔들었다. 해방이다.

나는 곧장 미리 알아둔 훠궈 식당으로 향했다. 식당으로 향하는 지하철에서 창에 비친 들뜬 내 모습에서 타이베이로 향하던 비행기 안 엄마의 모습이 겹쳐 보였다. 훠궈 식당은 1인 팟이 나오는 깔끔한 최신식 식당이었다. 엄마와 이모가 샤브샤브는 좋아할 것 같아서 미리 알아둔 곳이었는데, 3박 4일 일정 서바이벌에서 안타깝게 떨어진 식당이었다. 국물도 여러 가지 맛을 선택할 수 있었는데, 눈치 보지 않고 마음 편히 마라 국물로 주문했다.

'아, 왜 이렇게 신나지?'

육아를 마친 뒤, 잠든 아이 옆에서 치맥을 먹는 부모의 마음이 이런 걸까? 먹기도 전인데 맛있고, 다 먹기도 전인데 배부른 느낌이 들었다. 모든 것이 다 황홀했다. 마치 내가 오래 걷고 마사지숍을 방문했던 그때처럼.

올 때 젓가락 좀 가져와 줘.

엄마의 카톡이었다. 아까 싸간 흰 밥을 먹거나, 내가 챙겨 간 컵라면을 먹으려다가 젓가락이 없어서 곤란한 상황인가 싶었다. 아직 오후 5시 30분밖에 안 됐는데 배고픈가 싶어서 갑자기 마음이 조급해졌다. 훠궈에서 막 건진 소고기를 허겁지겁 혓바닥에 통통 튀기며 서둘러 목구멍으로 넘겼다. 소화 잘되라고 시원한 매실티를 마지막으로 넘기고 식당을 나왔다.

근처에서 엄마와 이모가 먹고 싶다던 누가크래커를 사고, 다시 타이베이에서 대왕 연어 초밥으로 유명한 삼미식당으로 뛰는 듯 걸어갔다. 오후 7시에는 먹기 시작해야 하니 시간이 촉박하게 느껴졌다. 대왕 연어 초밥과 오징어 초밥을 포장해서 숙소로 뛰는 듯 날아갔다. 해가 지고 곳곳에 불이 들어오니 거리가 아름다워졌다. 흐르는 계곡물처럼 발을 멈추지 못하고 뛰어가며 타이베이를 구경했다. 땀이 삐질삐질을 넘어서 주륵주륵 흘렀다. 타이베이의 4월은 오후 6시가 넘었는데도 뜨거웠다.

"우리 타이베이101 안 가면 안 돼?"
양손에 삼미식당 쇼핑백과 누가크래커 쇼핑백을 들고 헐떡거리며 호텔 방 문을 열고 들어가자마자 들은 첫말이었다. 엄마였다. 심장에 지진이 일어났다.
"아, 환불 안 되는데! 그래, 가지 마!"
생각이 스치기도 전에 비명 같은 두 문장이 튀어나왔다. 참아지지가 않았다. 쇼핑백을 던지듯 테이블에 내려놓고 화장실 문을 '쿵!' 닫고 들어갔다. "바람 불어서 그런 거야"라는 말은 덧붙이지 않았다. 변기에 앉았다. 한참(약 60초)을 앉아 있는데 밖에서는 어떤 소리도 들리지 않았다. 다시 말해서 밖에서는 어떤 리액션도 없었다.
왜 이렇게 서러울까. 내 편을 들어줬으면 하는 엄마가 오히려 가지 말자고 해서? 먼저 화장실로 도망쳐놓고는 엄마가 나를 달래주지 않아서? 내가 오기 전에 미리 둘이 말을 맞춘 것 같아서? 엄마가 나보다 이모를 더 좋아하는 것 같아서? 내가 고민해서 짜놓은 일정이 어그러져서? 세 명의 티켓값 7만 원을 날려서? 이모가 옆에 있어서 더 정확하게 내 마음을 표현하지 못해서? 화내고 도망친 곳이 고작 벽 하나를 둔 화장실이라서? 어제 짜증 내지 않으려고 다짐했는데 또 짜증을 내버려서? 이런 상황을 가장 피하고 싶었는데 결국 맞닥뜨려서?

전부 맞다. 전부 맞아서 눈물이 후두두 쏟아졌다. 엄마의 한마디로 나는 이 여러 가지 생각들과 그에 딱 맞는 감정들에 둘러싸여 또 지고 말았다. 짜증은 내가 냈지만 내가 졌다. 더 사랑하는 사람이 지는 거니까.

변기에 앉아서 울어본 게 언제지? 고등학교 때 극심한 변비를 겪고 변비약으로 고통을 쥐어짜 내고 있을 때, 눈물이 났었다. 왜 나는 변비에 걸려서 이렇게 힘든 시간을 보내야 하나 싶어서. 그때도 엄마를 떠올렸었다. 엄마의 유전자를 물려받아 내가 만성변비에 시달리고 있으니까. 변기 위에서 운 기억이 두 번인데 둘 다 엄마 때문이었다. 만성변비까지 생각하니 더 서러워졌다. 소리 내지 않으려고 노력할수록 더 울부짖게 되었다. 여주인공이 따로 없네.

 "쫘⋯악⋯ 탁!"
 "⋯⋯쫘악, 탁!"

주춤주춤하는 듯한 맥주 캔 따는 소리가 연달아 들렸다.

'그래, 셋 다 우울할 필요 있어? 나만 할게요. 맛있게 드세요. 둘은 정말 잘 맞네. 어쩔 수 없지. 엄마와 나는 친하게 지낸 지 30년밖에 되지 않았지만, 엄마와 이모는 50년 넘게 친하게 지내고 있으니까. 인정할 건 인정하자! 나도 엄마랑 피가 섞였지만, 이모도 엄마랑 피가 섞였잖아. 그리고 곧 60을 바라보는 엄마와 60을 넘긴 이모가 얼마나 피곤했으면 가지 말자고 했겠어. 아니, 근데 이모는 극기훈련 같은 유럽 패키지여행도 다녀왔으면서! 아니야, 조카니까, 딸 같으니까 피곤하다고 말할 수 있는 거지.'

눈물이 멈추면서 이성적으로 멀리서 우리 셋을 바라보게 되었다. 내가 "취소 안 되니까 조금만 더 힘내서 가보자. 야경 정말 멋있어"라고 했으면 갔을 수도 있지 않았을까. 얼마나 앉아 있었던 건지 다리가 저렸다. 한숨 한 번에 모든 근심을 모아 똘똘 뭉쳐 내뱉고는 변기에서 일어났다. 감각 없는 오른쪽 다리 덕분에 내 표정은 참 멋없었다. 다리가 다시 돌아오는 동안 내 마음도 다시 돌아왔다. 진정된 마음과 그렇지 않은 척 차가운 얼굴로 화장실 밖으로 나갔다. 반 정도 먹은 연어 초밥과 오징어 초밥, 고춧가루와 후춧가루만 남은 컵라면 그리고 맥주 두 캔이 찌그러져 있었다. 엄마와 이모는 내가 갑작스러웠는지 누워 있다가 일어나지도, 계속 누워있지도 못한 어정쩡한 자세로 나를 쳐다봤다.

"초밥 냉장고에 남겨놨다잉."

"나 카페에서 일 좀 하다 올게."

아직도 나는 나를 모르겠다. 마음은 이미 풀렸으면서 왜 풀리지 않은 척하는 걸까. 답답하다. 눈 한 번 마주치지 않고 맥북을 챙겨 나왔다. 스타벅스에서 맥북을 펼치고 옆에 아이스 아메리카노까지 준비가 되니 기분이 또 한결 풀렸다. 마감 시간까지 영상 편집을 하다가 스타벅스 건물 지하 마트에서 장을 보면서 또 한 번 기분이 풀렸다. 이제는 신이 날 지경이었다.

'들어가면 내일 아침에 망고 먹자고 말해야지.'

문을 열었는데 엄마와 이모 모두 침대에 누워 자던 중이었다. 오늘 풀기는 글렀군. 가족 여행의 조건 일곱 번째, 어른의 나이를, 체력을 생각해라. 그들은 늘 강할 것 같았지만, 더 이상 그렇지 않다.

숨 막히는 아침이었다. 엄마와 이모는 커피를 내렸다. 나는 짐을 쌌다. 그리고 나는 망고를 먹었다. 같이 먹으려고 망고를 넉넉히 샀는데, 망고 좀 먹으라는 말이 나올랑 말랑 간지러운 재채기처럼 나를 안달 나게 했다.

"망고 먹어."

"응."

사춘기 남자애처럼 투박하게 망고를 권유했다. 엄마도 안 먹겠다고는 못 하겠는지 나와의 30년 의리로 두 개 정도 입에 넣었다. 그리고 엄마와 이모는 커피를 다 마시고 짐을 쌌다. 원래 오늘 아침에 엄마가 좋아할 만한 근처 공원에 가려고 했는데, 전날 풀리지 않은 응어리와 괜히 또 피곤해할까 봐 걱정이 앞서서 공원은 건너뛰었다.

'밥이나 먹고, 카페 가서 쉬다가 바로 공항 가야겠다.'

가족이라고 묶인 사람들에게는 암묵적인 룰이 있다. 서로 표정 보고 대충 풀린 것 같으면 별일 없었다는 듯이 다시 잘 지내야 하는 룰. 늘 그랬듯 오늘도 우리는 룰을 따랐다. 마치 어제 타이베이101에 다녀온 것처럼 타이베이 골목을 걷고, 거울 앞에서 사진을 찍었다. 아직은 관계 회복 중이었기 때문에 크게 웃고 떠들지는 않았지만, 그래도 서로 적당히 눈치 보고, 적당히 배려하면서 평범한 철판 요리를 평범하게 먹었다. 그리고 예전부터 가보고 싶었던 카페를 갔다. 커피 맛도 좋지만, 푸딩이 유명한 카페라서 커피 세 잔과 푸딩도 하나 주문했다.

"엄마, 푸딩 먹어봐."

"안 먹어."

안 먹는다고 하는 것을 보니 다시 우리 엄마 같았다. 내가 세상에서 만난 여자 중 가장 쿨한 사람이 엄마다. 기분 상할 수 있는 일에도 "알겠어"라고 답하고, 그 일은 나중에 다시 얘기 꺼내는 법도 없다. 나와 너무 달라서 더 갈망하게 되는 사람.

"야, 엄청 맛있어. 커피랑 너무 잘 어울려, 먹어봐."

"안 먹어."

이모의 끈질긴 요구에도 엄마는 푸딩을 입에 대지 않았다. 이렇게 다른 둘이 어젯밤에는 그렇게나 잘 맞았다니. 이모가 원하는 셀카를 몇 장 찍고 우리는 다시 한국으로 돌아가는 비행기에 몸을 실었다.

타이베이행과 똑같이 나는 맨 뒷자리에, 엄마와 이모는 내 앞자리에 앉았다. 창밖은 눈에 거슬리는 것 하나 없이 뽀얀 뭉게구름으로만 가득 찬 게 환상적이었다. 하늘에 핀 뭉게구름 하나에도 기분이 좋아지지만, 작은 변수에도 기분이 상해버리는 나는 아직 나풀나풀한 서른한 살이었다. 여행을 계획하면서 많은 것을 염두에 뒀지만, "안 간다"라는 변수는 전혀 예상하지 못했다. 타이베이101에서 꼭대기까지 빠르게 올라가는 엘리베이터에서 한 번, 쫙 펼쳐진 아름다운 야경에서 또 한 번 엄마와 이모가 좋아할 거라고 생각했는데 그 풍경을 보여주지 못한 게 내내 아쉬웠다. 살면서 비슷한 상황들을 많이 겪었고, 그럴 때마다 내가 아끼는 가까운 사람들에게는 더더욱 못되게 굴지 말자고 다짐했었다. 그럼에도 나는 못 참고 짜증을 냈다. 그렇지만 이제는 내 탓만 하지 않을 거다. 엄마와 이모가 그날 밤 얼마나 피곤했는지 내가 미처 몰랐듯이, 내가 더 나은 여행을 위해 어떤 용기와, 얼마만큼의 시간을 써가면서 검색을 거듭했는지 엄마와 이모도 몰랐을 테니까.

즐겁기만을 바랐던 엄마와 이모의 여행을 내가 망친 게 아닐까 걱정이 몰려올 즈음 공짜 캔맥주를 또 한 번 까서 한 모금 마시고, 창밖의 뭉게구름 사진을 한참 동안 찍는 엄마와 이모를 보니 내가 괜한 걱정을 했구나 싶었다. 분명 쉽지는 않은 여행이었다. 그렇지만 이 여행이 쉬울 거라고도 생각하지 않았다. 하지만 머리를 맞대고 뭐가 그리 즐거운지 계속 소리 죽여 웃는 엄마와 이모가 귀여워서 나는 머지않아 쉽지 않은 여행을 또 계획할지도.

마지막 가족 여행의 조건, 이번 여행이 마지막이 아닐 수 있다.

상하이

벌쓰데이

1992년 2월 14일, 엄마와 아빠는 나와 동생은 초대하지 않고 자기들끼리 동네의 작은 식장에서 결혼식을 올렸다. 그리고 10개월 뒤인 1992년 12월 25일, 세상에 나오기로 약속한 나는 이때부터 미룰 수 있으면 최대한 미루는 DNA를 발휘하며 엄마 뱃속에서 물놀이를 즐기다가 1992년 12월 31일, 레이트 체크아웃을 하며 나왔다. 장장 6일이나 늦어진 나의 체크아웃에 아빠는 기다리고 기다리다 잠깐 점심을 먹으러 식당에 갔다고 한다. 그 잠깐 사이에 내가 나오겠다고 엄마 배를 계속 발로 찼고, 엄마는 별수 없이 홀로 나를 맞이했다고 한다. 그래서일까. 내 생일은 늘 밍숭맹숭했다.

나는 어린 시절의 생일 그리고 생일파티의 기억이 거의 없다. 그저 엄마가 열심히 찍어둔 앨범을 보며 '이랬었구나' 가늠할 뿐이다. 사진으로 알게 된 내 첫 번째 생일파티는 두 살 때였고, 사촌 동생과의 합동 생일파티였다. 거실 텔레비전 앞에 큰 상을 펴고 그 위에 차린 여러 가지 음식들 앞으로는 요구르트 한 줄이 쪼르르 서 있었다.

내가 기억하는 두 번째 생일은 '초등학교 2학년' 타이틀이 끝나가는 12월 31일의 늦은 오후였다. 엄마는 화장대에 앉아 루즈를 바르고 고치고, 또 바르기를 반복했다. 엄마와 아빠의 친구들 모임인데 가족 단위로 모이는 거라 동생과 나도 참여하는 모임이었다. 내 머리는 잔머리 하나 없이 꽉 묶여 스프레이로 완벽하게 고정된 상태였다. 기다리다 지쳐 엄마를 쳐다봤다.

'오늘 내 생일인지 알까?'

엄마도 스프레이를 끝으로 양손에 동생과 나를 잡고(끌고) 동네 빵집에 갔다. 엄마는 곧장 케이크가 진열돼 있는 쇼케이스로 가서 케이크를 구경하기 시작했다. 왼손에 끌려온 나도 내 생일 케이크를 구경했다.

'고구마 케이크는 절대 절대 싫고, 초코 케이크도 좋긴 한데 어른들도 다 같이 먹어야 하니까… 온갖 과일이 올라가 있는 생크림 케이크도 괜찮지.'

엄마는 엄마다. 내 시선을 읽었는지 엄마는 생크림 케이크를 골랐다.

"초는 몇 개 드릴까요?"

"음… 1개만 주세요."

달랑거리는 폭죽 두 개와 초 한 개를 붙인 케이크 박스를 들고 모임 장소에 도착했다. 영화에서 본 조폭들 식사처럼 미닫이문을 열어 두 개의 방을 연결한 제법 큰 규모였다. 오랜만에 만나는 얼굴도 있었지만, 난생처음 보는 어른들도 있었다. 나를 신기하게 쳐다보는 눈빛에 꾸벅 인사하니 "어머머, 너가 은영이야? 많이 컸네! 아줌마 기억나?" 기억할 리가 없기에 시원찮은 웃음으로 대답을 대신하고 방석 위에 앉았다. 어린 시절 유난히도 내성적이었던 나는 내 생일을 축하받기에는 인원이 너무 많다는 생각이 들었다. 부담스럽고 긴장되기 시작했다. 그때 시끄러움을 덮는 더 큰 시끄러운 목소리가 내 앞에서 튀어나왔다.

"자! 자! 자! 집중!"

테이블 끄트머리에 앉아있던 엄마가 외쳤다. 때가 왔다. 케이크를 꺼내자 어른들이 하나둘씩 무슨 케이크냐며, 이거 사느라 늦은 거냐며 말을 던졌다. 내 눈앞에서 박스 위로 케이크가 올려지고 초 하나가 꽂히고 있었다.

'환장하겠네. 축하해 주는 건 좋지만 사람이 너무 많은데….'

초에 불이 켜졌다. 엄마는 내 눈앞의 케이크 박스를 양손으로 잡더니 테이블 가운데로 보내버렸다.

"우리의 연말 파티를 위하여!"

오호라. 그랬구만. 12월 31일에 산 케이크가 12월 31일 태어난 내 생일 케이크가 아니었구만. 하나 있는 초를 힘껏 불려고 잔뜩 준비 중이던 작은 폐가 쪼그라들었다.

내 생일은 늘 겨울 방학 뒤에 풀이 죽은 채 쫓아왔다. 교실에서 생일 초대장을 받아본 적은 많았지만, 건네 본 적은 없었다. 수업이 끝나고 생일 주인공에게 선택받은 아이들끼리 생일파티 현장으로 가는 길에 주인공 옆자리를 쟁탈하려는 모습을 바라본 적은 있지만, 내 옆자리를 쟁탈하려던 적은 없었다. 히마리 없는 플라스틱 샤프, 글씨를 지우지 못하고 번지게만 하는 지우개, 도무지 쓸 일 없는 짧은 자가 담긴 분홍색 문구 세트를 선물한 적은 많았지만, 받아본 적은 없었다.

"나 12월 18일에 생일파티 할래!"

4학년 때였다. 엄마를 졸라 생일파티를 강행하기로 했다. 나름 안전하게 느껴지는 겨울 방학식 5일 전의 날이었다. 생일은 아니었지만, 더 이상 내 생일을 방학에 어물쩍 보내고 싶지 않았다. 나는 아직 어린이였다. 엄마는 전업주부였고. 지금껏 내 생일을 제대로 챙겨본 적이 없기에 엄마는 12월 18일의 생일파티를 거절할 수 없었다. 거절한다면 나는 엄마가 누누이 말해온 "다리 밑에서 주워 왔다"라는 말을 믿게 될 수밖에 없었으니까.

2002년 12월 18일, 오금동의 아파트 거실에서 내가 기억하는 세 번째 생일파티가 열렸다. 아빠는 회사 직원에게 부탁해서 한글97로 내 생일 초대장을 만들어주었다. A4 용지에 프린트할 수 있는 모든 색이 들어가 있었고, 오이체와 엽서체로 꾸며진 화려한 초대장이었다. 초대장은 돌돌 말아서 빵 끈으로 고정하고, 거기에 눈알 스티커까지 붙어 있었다. 이보다 더 갖고 싶은 생일 초대장은 10년 인생에 본 적도 없다. 아니나 다를까 아이들이 서로 초대장을 갖겠다며 교실에서 매서운 눈빛과 날카로운 말들을 주고받았다. 싸움이라면 진저리 나는 나는 이 상황이 불편하기도 하고, 만족스럽기도 했다.

내 생일상은 정말 평범했다. 이 전형적인 생일상이 나는 마음에 쏙 들었다. 후라이드와 양념통닭이 한 마리씩 테이블을 차지하고 있었고, 콤비네이션 피자가 존재감 있게 가운데에 버티고 있었다. 찬장 맨 위에서 내려온 적이 없어서 그대로 썩을 줄 알았던 화려한 컵들이 아이들 앞에 오렌지 주스와 포도 주스로 채워져 놓여 있었다. 초코 케이크에는 긴 초 한 개와 짧은 초 한 개가 꽂혀 있었다. 2년 전보다 더 튼튼해진 폐를 힘껏 부풀려서 힘차게 불었다. 맞은편 아이들 사이로 엄마의 팔이 튀어나왔다. 손에 들린 카메라에서 후레쉬가 터졌다. 포장지만 봐도 어느 문방구에서 샀는지 알겠는 선물들이 내 앞에 쌓여갔다. 포장지 크기와 손에서 느껴지는 촉감만으로도 어떤 선물인지 대충 감이 왔지만, 나는 연신 "우와!"를 외쳤다. 그냥 그러고 싶은 기분이었다. 그 와중에 경제적인 친구는 본인이 받았던 선물을 다시 가져온 듯했다. 포장지에 붙어 있던 마감용 테이프가 제 기능을 하지 못하고 너덜너덜해져 있었다. 상관없었다. 어쨌든 나는 생일파티를 했으니까.

그리고 이 12월 18일 생일파티처럼 구구절절 설명할 수 있는 다음의 네 번째 생일은, 다섯 번째 생일은, 스무 번째 생일은 없다. 분명 매년은 아니더라도 뭔가를 했을 텐데… 없다. 중학교 시절에는 연말 시상식 보는 게 더 좋다는 거짓말을 하며 거실에 누워서 정말 연말 시상식을 내리 보며 보냈다. 고등학교 시절에도 비슷하게 보냈고, 대학교 시절에는 동기들과 PC방에서 '모두의 마블' 게임을 하며 보낸 적도 있다. 남자 친구가 있을 때는 분명 같이 보냈을 텐데 뭘 했는지는 기억이 나질 않는다. 내 인생에 도무지 기억에 남는 임팩트 있는 생일이 없다니. 그래서인지 SNS에 올라온 사람들로 가득 찬 남들의 생일파티 사진들은 매번 내 시선을 오래 붙잡았다. 연신 사진을 훑으며 '내가 원하는 분위기는 아니네' 하며 괜히 시큰둥하게 사진을 넘기다가도, '생일 주간'이라며 일주일 내내 친구들을 만나는 사람들을 보면 신기하기도 했다. 그럴 때면 내가 지금 잘 살고 있는 건지 의문이 들기도 했다. 작은 화면 속 세상을 엿볼 때마다 계속 내 삶을 의심했다. 평소에는 분명 나름대로 재밌게 살고 있다고 생각했는데 꼭 '생일'이라는 단어 앞에서는 지나온 시간을 이리저리 돌려보게 된다.

성인이 되고 나니 생일에 누군가를 만나는 게 더 어려워졌다. 남들에게는 술 한잔하고 싶은 특별한 날인데 나는 아빠를 닮아 술도 못 마시니 누가 나와 연말을 보내고 싶을까. 혹시라도 내가 12월 31일에 만나자고 했을 때 상대방이 '내가? 너랑? 왜?'라는 표정을 지을까 봐 먼저 물어본 적은 손에 꼽을 정도다.

스물아홉 살에 나는 박서우와 태국 수린섬에서 생일을 보냈다. 푸켓에서 보트를 두 번이나 갈아타야 들어갈 수 있는 태국의 국립공원 섬이었다. 국립공원 타이틀을 거머쥔 만큼 환경을 지키려 겨울에 몇 달만 잠깐 개방하며 깨끗하게 관리되는 섬이었다. 바다가 깨끗하니 스노클링의 성지였다. 숙소라고는 작은 텐트 몇 개와 큰 텐트 몇 개가 전부였다. 우리는 운이 좋아서 개중에서도 뷰가 가장 좋은 바다 앞 큰 텐트에 묵었다.

12월 31일에서 1월 1일로 넘어가는 그 밤에, 우리는 작고 더운 텐트에 머리를 맞대고 누웠다. 핸드폰도 잘 터지지 않는 곳에서 이런저런 이야기를 하다 결국 여태 내가 토해낸 생일에 대한 대서사를 읊었다. 우리는 텐트의 좁고 어두운 천장을 바라보며 이야기를 나눴다. 텐트 천장에는 머리 묶는 고무줄로 대충 걸어 놓은 동그란 무선 조명이 점점 닳고 있었다. 필터링 없이 어떤 것을 얘기해도 괜찮을 것 같은 경치였다. 사람마다 이야기보따리가 있다면, 나는 '생일'이라고 적힌 보따리가 가장 컸던 건지 이야기가 술술 나왔다. 담담하게 얘기하고 있다고 생각했는데, 박서우는 내가 안쓰럽다는 듯한 추임새를 내었다. 박서우의 생일은 달력에 그 무엇도 적혀 있지 않은, 정말이지 완벽하게 평범한 날이었다. 방학 기간도 아니었다! 그런데 박서우는 생일 챙기는 게 귀찮다고 했다.

"귀찮아. 축하받으면 나도 또 축하해줘야 하고. 선물 사는 것도 너무 어려워."

나는 박서우가 자주 부러웠는데, 생일에 대한 이 무심함마저도 부러웠다. 우리는 서로를 안쓰러워하고, 부러워하며 꺼져버린 조명 아래에서 잠이 들었다.

시간이 갈수록 나는 점점 더 내 생일을 외롭게 쥐어짰다. 그게 편했다. 누군가 내 생일을 챙겨주려 하면 낯간지러웠다. 챙겨준 마음만큼 고마워하지 못하는 스스로를 다그치기도 했다. 내가 만든 외로움이 편했다. 자꾸 헤매고, 늘 위태롭던 20대를 지나, 걷는 길이 명확해지고 바쁜 30대가 되면서 생일을 더 자주 깜빡했다. 더 이상 홀로 맞는 생일이 외롭지 않았다. 외롭지 않다고 느껴지니 아이러니하게 생일을 챙기고 싶어졌다.

'올해는 내 생일을 내가 한번 챙겨보자!'

한 달에 10만 원씩 셀프 생일 적금을 들었다. 11월쯤이 되면서 내게 무엇을 선물할까 고민되기 시작했다. 갖고 싶은 것을 아무리 떠올려도 떠오르는 게 없었다. 120만 원이면 살 수 있는 게 참 많은데도 떠오르는 물건이 없었다.

'여행 갈까?'

나는 여행을 좋아하니까. 여행을 떠났을 때 제일 재밌으니까. 얼마 전에 중국 연변을 다녀와서인지 중국에 한 번 더 가보고 싶다는 생각이 들었다. 생각해 보니 내가 좋아하는 영화 〈HER〉에 나온 미래도시의 배경도 상하이라고 했다. CG인 줄로만 알았던 곳이 미국도 아니고 중국 상하이라니! 영화 속 그대로 쓸쓸함이 녹아 있는 모습일까? 거의 10년 전 영화인데, 여전히 상하이는 내가 반할 수 있는 도시일까? 호기심이 심장을 간지럽혔다.

연말이 되니 12월의 스케줄표도 지저분해졌다. 이 사람 저 사람 만나다 보니 12월 29일 금요일, 드디어 상하이로 떠날 시간이었다. 나는 상하이행 비행기 앞쪽에서 좌석을 찾으려 두리번거렸다. 고작 2시간 거리인데도 비즈니스석으로 예매했다. 10만 원만 추가하면 비즈니스를 태워준다는데 안 할 수가 있나. 장시간 비행에서 더 빛나는 비즈니스석이겠지만 그래도 한번 경험해 보고 싶은 마음에 서울-부산 KTX보다 더 짧은 시간을 기어이 좌석을 젖혀 누워서 갔다.

공항에 내릴 때는 밝았는데, 시내에 도착하니 금세 어두워졌다. 택시를 타고 숙소까지 가는 동안 나는 입을 벌리고 상하이 외곽부터 도심까지 구경했다. 픽사 영화에서 유토피아 세상에 처음 가본 동물 주인공처럼 창문에 붙어 상하이의 밤을 훔쳐봤다. 이 반짝이는 건물들 뒤로 새해 카운트다운과 함께 폭죽이 터질 것을 상상하니 엉덩이 두 짝이 움찔거렸다. 몇 달 치 월급을 털어 폭죽을 사는 사람도 있을 정도로 중국의 폭죽 사랑은 익히 유명했다. 기대는 실망을 키링처럼 달고 다닌다는 것을 알면서도 내 엉덩이 두 짝은 신경 쓰지 않고 자꾸만 움찔거렸다. 네온사인으로 뒤덮인 빌딩숲 안으로 들어서니, 마치 을지로 같은 골목이 등장했다. 낮은 건물들 1층에서는 가지각색으로 맛있는 냄새를 연신 내뿜었다. 을지로가 겹쳐 보이는 순간, 이 여행의 서막이 퍽 마음에 들어서 엉덩이 두 짝이 또 움찔거렸다.

생일을 호스텔에서 보내면 너무 시끄러울 것 같고, 꼭 묵어보고 싶은 호텔은 내 기준에 가격이 높아서 첫 2박은 호스텔을 예약하고, 나머지 2박은 호텔을 예약했다. 중국은 외국인 숙박이 가능한 곳과 가능하지 않은 곳이 구분

되어 있는데 코로나 이후 외국인이 접근하기 쉬운 상하이의 호스텔은 여기가 유일한 것 같았다. (2025년인 지금은 비자가 무료로 풀리면서 중국 여행이 편해졌다.) 12월 28일 금요일, 호스텔 안에는 엉덩이 두 짝을 연신 움찔거리는 한국인과 중국인들로 가득했다.

종이 쪼가리 같은 일회용 수건과 직접 갈아야 하는 이불커버, 베개커버를 받아 들고 방으로 향했다. 여성 전용층인 3층에 내려 나의 6인실 방까지 한참을 걸었다. 문 앞에는 빈 택배 박스와 세숫대야 그리고 실내용 고무 슬리퍼가 있었다. 인생은 일이 닥치기 전에 종종 힌트를 주곤 한다. 나는 문 앞에 서서 그 힌트들을 바라보았다. 엉덩이 두 짝이 움찔거리는 것을 멈췄다.

문을 열자 진짜 유토피아가 펼쳐졌다. 제일 먼저 눈에 들어온 것은, 마주 보는 2층 침대 사이에 걸쳐진 빨랫줄에 호피무늬 팬티를 비롯한 여러 빨래가 널려져 있었고, 침대에 붙어 있는 계단에는 수면 잠옷과 제법 촉촉해 보이는 수건이 걸쳐져 있었다. 바닥에는 다섯 명 분량의 신발들이 누워 있었고, 몇몇은 엎드려 있었다. 화장대에는 뷰티 유튜버마냥 조명이 달린 거울과 화장품들이 질서 없이 놓여져 있었다. 라커룸 앞에는 아까 문 앞에서 보았던 것 같은 세숫대야와 택배 박스들이 널브러져 있었다. 라커룸 위에는 빨간 양파망 안에 진짜 양파 세 개가 날 보며 웃음을 참고 있었다. 문을 열고 이 유토피아를 넋 놓고 구경했다. (나중에 유학생에게 기숙사형 호스텔이었을 거라는 이야기를 전해 들었다.)

사실 처음에만 조금 당황스러웠고, 금세 친구 집에 놀러온 기분이 들어 그제야 나도 편하게 신발을 눕히고, 옷을 걸쳤다. 이불커버와 베개커버를 갈고 나니 배가 고프기 시작했다. 아까 택시에서 내렸던 을지로 같은 골목 식당으로 나갔다. 그나마 알아볼 수 있는 우육면 한자가 적힌 가게로 갔다.

"쩌거, 이거."

'쩌거'는 '이것'이란 뜻이고, '이거'는 '한 개'란 뜻이다. 우육면 하나를 주문하고, QR코드를 스캔해 결제했다. 맞은편 테이블의 아저씨들이 발성 좋은 중국어로 대화를 나누고 있었다. 마치 내 여행의 OST 같았다. 몇 분 지나지 않아 하얀 우육면이 테이블에 놓였다. 빨갛지 않았다. 하지만 국물 요리의 메커니즘은 어딜 가나 똑같다. 당황하지 않고 다대기 통으로 추정되는 스뎅 통을 열어 빨간색 앙금 같은 것을 국물에 풀었다. 맛이 없진 않지만, 또 맛있진 않은 우육면이었다. 두꺼운 면은 도통 적응이 되질 않아서 고기를 건져 먹고 수저에 국물을 가득 담아 상하이와 건배했다.

연말의 상하이는 내 예상보다는 사람이 적었다. 중국이 아무리 인구가 많다고 해도, 그만큼 땅도 넓으니 인구 밀도는 한국의 여의도 벚꽃축제와 비슷했다. 빨간 네온사인 빛을 쏘는 큰 빌딩들에 둘러싸여 상하이에서 가장 메인인 와이탄의 동방명주 야경으로 향했다. 손바닥만 한 핸드폰 화면으로만 보다가 직접 마주하니 확실히 더 로맨틱했다. 여기저기서 들리는 행복한 중국어 소리를 음악 삼아 야경을 훑었다. 오늘도 참지 못하고 내 눈은 느끼해졌다. 고개를 천천히 회전하며 야경을 만드는 빌딩 하나하나를 염탐했다.

알록달록한 와이탄 야경을 등 뒤에 두고 돌아보면 도로에 일렬로 늘어선 유럽식 건물들이 노란빛을 쐬고 있었다. 어디를 봐도 쏟아지는 아름다운 야경을 동공에 가득 품고 있자니 내가 자연을 거니는 여행지만 좋아하는 게 아니구나, 그제야 눈치챘다.

'12월 31일 밤에는 분명 여기서 폭죽을 터트리겠

지?'

여기가 아닐 수가 없다. 빌딩들 뒤로 형형색색의 폭죽들이 어떤 모습일지 벌써부터 눈에 그려졌다.

그렇게 두 밤을 보내고, 바라만 보던 와이탄 빌딩들 사이로 숙소를 옮겼다. 통창으로 야경을 보고 싶던 내 니즈에 딱 맞는 호텔이었다. 호스텔의 그 작은 방에 터를 잡은 다섯 명 때문에 캐리어 하나 놓기도 눈치 보였던 지난날과 달리, 6인실보다 더 큰 사이즈의 방에서 나 혼자 쏘다닐 수 있었다. 행복했다. 어릴 때는 호텔에서 혼자 자는 어른들이 사치 부리는 것처럼 느껴졌는데, 진정한 쉼은 나만의 숨으로 채워진 넓은 공간에서 가능하다는 것을 느꼈다. 그게 사치라면 그냥 부릴 거라고, 한 바퀴를 굴러도 자리가 남는 넓은 침대 위에 누워 발가락을 꼼지락거리며 생각했다.

숙소 근처에는 영화 〈HER〉에 나온 원형 육교가 있었다. 영화 속 주인공이었던 테오도르가 늘 걷는 출퇴근길 장소였다. 영화 속에서는 깨끗하면서도 왠지 쓸쓸한 느낌이었는데, 실제로 보니 회사와 지하철역이 연결돼 있어 많은 사람이 오고 가는 바쁜 곳이었다. 좋아하는 영화 속 한 장면에 내가 서 있다니, 게다가 취향이 묻은 여행이라니.

예술적이고, 부지런하며, 실천하는 행동력까지 겸비한, 마치 오장육부가 튼튼해서 피부에 빛이 나는 듯한 이 여행이 마음에 들었다.

'김은영, 너 정말 로맨틱한 생일을 보내고 있어!'

폭죽이 터지기 전에 일단 배부터 채워야 했다. 모든 것이 중국어인 중국 어플에서 맛집을 찾는 것은 정말이지 만만한 일이 아니었다. 그리고 이 좋은 숙소를 혼자 내버려두고 식당에 가려니 도무지 발이 떼지지 않아 삼겹살을 달큰한 간장에 조린 동파육과 민물 생선과 절인 배추가 들어간 하얀 마라탕 같은 쑤안차이위를 배달시켰다. 중국은 한국만큼이나 배달 문화가 잘되어 있다. 배달 가격도 저렴하고, 하도 배달을 많이 하니 호텔 로비에 배달 음식을 놓는 수납장이 따로 있을 정도였다. 음식이 로비에 도착했다는 푸시 알림을 보고, 엉덩이가 두 짝이라서 아쉽다는 듯 열심히 움찔거리며 가져왔다. 한국에서 즐겨보던 연애 프로그램을 틀고 동파육 하나를 입안 가득 넣으니 한숨과 된소리가 엉켜 나왔다. 상하이 4박 5일 동안 가장 행복했던 순간이었다.

정신 차려 보니 어느덧 창밖으로는 야경이 만들어졌고,

세 시간짜리 연애 프로그램은 끝이 나 있고, 포크로 파먹은 케이크에는 꺼진 초가 여전히 꽂혀있었다. 슬슬 새해 카운트다운을 하러 나가야 했다. 아까 너무 열심히 움찔거렸던 건지, 엉덩이가 도무지 움직일 생각을 하지 않았다. 일단 어디가 가장 폭죽 명당일지 검색해 봤다.

중국 시내에서는 폭죽 금지입니다.
작은 도시나 시외로 나가면 폭죽을 볼 수 있습니다.

중국은 옛날부터 폭죽의 요란한 폭발음과 불꽃이 악귀를 물리쳐준다고 믿어서 중국의 대명절인 춘절부터 여러 기념일에 폭죽을 터트려왔다. 그런데 검색 결과, 소음 문제와 폭죽에서 나오는 스모그의 대기질 오염 문제로 '폭죽 터트리지 말기 운동'을 하고 있다고 했다. 그래, 어쩐지 너무 완벽하다 싶었다. 내 상하이 여행의 가장 큰 이벤트를 기다리던 나는 갑자기 폭죽처럼 터져버린 스케줄에 늘 하던 대로 침대에 계속 누워 있었다.

'왜 이번엔 힌트를 안 줬을까. 상하이 디즈니랜드에서는 연말 폭죽 터트린다던데 거기 갈 걸 그랬나. 상하이까지 와서도 별거 없이 생일이 지나가네. 근데 내 생일이라서 상하이에 온 거잖아. 좋은 친구도 만났고, 와이탄 야경도 황홀했고, 동파육이랑 쑤안차이위도 맛있었고, 내가 좋아하는 버블티도 질릴 만큼 먹었고, 자전거도 탔고, 〈HER〉 촬영지도 갔잖아. 폭죽 하나 때문에 아쉬움에 매몰될 필요는 없잖아!'
그래, 여행은 꽤 괜찮았다. 나한테는 이런 생일이 맞다. 아찔한 맛은 없지만 밍숭맹숭하니, 약간의 외로움을 겸비한 이런 생일이 나 같다. 슴슴한 내 생일이 끝나는 것을 기념하는 불꽃이 내가 없는 저 멀리 중국 곳곳에서 터지고 있었다. 팡! 팡! 팡!
이번 여행 덕분에 '12월 18일 생일파티' 이후로 아주 오래, 구구절절 늘어놓을 수 있는 생일이 또 하나 생겼다.

연두색

수제비를

찾아서

와, 포르투갈에 왔는데 할 게 없다. 사람이 붐비는 유명 관광지는 쿨하게 건너뛴 나는 2층 침대에 누워 오늘의 생산성에 대해 생각했다. 생각하려면 핸드폰을 켜야 한다. 오른손으로 베개 밑부터 골반 옆까지 손이 닿을 만한 곳을 다 훑어 내리다 오금 쪽에서 아직 자고 있는 핸드폰을 찾았다. 각종 어플에서 온 시시한 푸시 알림들을 무시하고 인스타그램을 켰다. 나의 포르투갈 여행에 하트와 답장이 쌓여 있었다. 너무 부러워하지 말라구, 공허한 통장을 버틸 수 있다면 누구나 올 수 있는 여행이니까. 이 관심에 대한 보답으로 오늘도 끝장나는 여행을 해야 하는데 말이지.

구글맵을 켰다. 엄지와 검지를 작은 화면 위에 계속 모았다 폈다 하며 숙소 주변부터 관광지 근처를 탐닉했다. 내가 찾는 것은 연두색 수제비였다. 초록색 식물들이 모여 살고 있는 이 연두색 수제비. 지도 속 공원이다. 세계 곳곳의 연두색 수제비, 그곳들에서 낯선 초록색 나무를 마주할 때 비로소 내가 타지에 와있다는 확신과 함께 내 공허한 통장이 뿌듯해졌다.

포르투, 수정궁 정원(Jardins do Palácio de Cristal)

포르투갈 제2의 도시, 포르투 중심에는 도루강이 흐른다. 대서양으로 흘러 들어가는 이 도루강 옆에는 포르투의 아름다운 공원이 하나 있는데, 수정궁 정원이다. 공원에 들어서자마자 너무나도 유럽스러운 분수대를 만났다. 거대 찜질방에서나 볼 법한 그리스 신전 같은 분수대였다. 자세히 보니 인어 여러 명이 분수대를 짊어지고 있었다. 9월의 쨍한 햇빛 아래서 물이 어찌나 열심히 떨어지는지 살아 있는 듯한 느낌이었다.

햇빛 머금으며 떨어지는 물 너머로 분수대 하단에 걸터앉아 책을 읽는 백발의 아주머니는 그야말로 그림이었다. 읽고 있는 책도 얼마나 멋지던지. 재활용한 듯한 누런 속지와 두툼한 책만 봐도 유럽에 온 것 같았다. 핸드폰을 손에 쥐지 않고, 그늘 없는 벤치에 앉아서 햇살을 조명 삼아 책을 넘기고, 옆에 놓인 뜨거운 커피로 목을 축인 뒤에 다시 책에 몰두하는 사람들 안에서 나는 딱 그 반대편에 서 있는 다른 종류의 사람이었다. 이렇게 외톨이가 되는 기분, 이게 좋아서 여행을 오는 거지.

발걸음을 돌려 걷다 보니 아기자기한 가판대들 근처에 사람들이 몰려 있었다. 책 플리마켓이었다. 이 공원 안에서는 종종 책 플리마켓이나 북페어가 열리는 듯했다. 진심으로 몰두해서 책을 구경하는 이 집단 지성인들과 섞여보려 안으로 들어갔다. 천천히 걸으며 책 표지를 구경했다. 아무도 책 표지만 구경하는 놈이라고 손가락질하지 않았는데, 지레 찔려 무슨 뜻인지도 모를 책을 펼쳤다. 영혼 빠진 동공으로 포르투갈어 글씨를 따라다니다 내가 원하는 건 이게 아니란 듯한 표정을 짓고 얌전히 책을 덮었다. 공원에 왔으면 공원 구경에 최선을 다해야지, 책 구경을 하면 안 되지. 암.

시야의 80퍼센트 이상이 초록이니 눈이 참 편한 기분이 들었다. 학창 시절의 칠판은 그렇게 쳐다보기 싫었는데.

'어? 저거 뭐야?'

초록 밭에 파란 공이 움직이고 있다. 파란 얼굴을 가진 공작새였다. 어쩜 저렇게 우아할까. 공작새 옆으로 닭이 지나가고, 고개를 돌리니 빨간 이목구비를 가진 하얀 오리들이 쉬고 있었다. 비둘기도 많았는데 화려한 조류들이 노닐고 있으니 보이지도 않았다. 조류들이 아지트처럼 지내고 있는 모습을 보니 이 공원이 꽤 괜찮은 공원이라고, 마치 전문가가 인정해 주는 것 같았다. 새슐랭 3스타 만점 받은 공원이랄까.

구불구불한 돌길 옆으로 기다란 워싱턴야자 몇 그루가 서 있었다. 아슬아슬한 높은 기둥에 비해 잎은 머리밖에 없었다. 제주도에서도 심심찮게 볼 수 있는 나무라서 반가웠다. 호날두 유니폼을 입고 축구공 랠리를 하는데 채 두 번을 넘기지 못하고 계속 공을 주워 오는 호날두 꿈나무들, 손보다 큰 핸드폰을 들고 부모님 사진을 찍어주는 아이, 누워서 쉬는 사람, 앉아서 무언가를 적는 사람 등 몇 명을 지나치니 도루강이 보이기 시작했다. 이 공원의 최종 목적지였던 원형 탑이 우두커니 서 있었다. 왕관처럼 생긴 원형 탑 안에서는 사람들이 연신 카메라 셔터를 누르고 있었다. 전망대 역할도 하고 있었다. 꼭대기의 꼭대기에 다다르니 탁 트인 뷰가 펼쳐졌다. 도루강을 사이에 두고 양쪽에 빨간 집들이 줄지어져 있고, 강에는 배가 떠다니고 있었다. 참 따뜻한 경치였다. 우유 한 방울 들어간 듯한 부드럽고 쨍한 색감 때문에 마치 동화 속 세상 같았다.
아마도 공원에서 사람이 닿을 수 있는 가장 높은 곳일 것 같은 원형 탑에 서서 빠르게 셀카 몇 장 찍고, 지금까지의 여정을 되감았다. 빠르게 되감으니 따뜻한 초록색만 보였다.

    '아, 정말 아름답다.'

80bpm으로 박수를 다섯 번 쳤다. 내 생애 가장 아름다운 공원으로 선정된 것을 축하합니다.

중국, 상하이 인민 공원

내게는 명절 로망이 있었다. 가족들과 함께 해외로 튀는 것. 몇 년 전, 인터넷에서 본 "조상님 덕 본 사람들은 명절에 다 해외여행 간다"라는 가언이 내 심장을 꽉 잡았다. 코로나 이후 해외여행을 한 번도 안 가본 동생과 작년에 처음으로 대만 여행을 다녀온 엄마는 나의 명절 로망 실현 프로젝트에 기꺼이 동참했다. 첫 번째 프로젝트는 추석에 다녀온 태국 방콕이었고, 두 번째 프로젝트는 설날의 상하이였다.

엄마와 함께하는 여행은 무조건 내가 한 번이라도 다녀온 곳을 가야 했고, 식당을 하는 엄마의 스케줄에 최대한 맞춰야 해 긴 여정은 불가했다. 마침 내 생일에 다녀온 상하이의 야경이 너무 아름다웠던지라 가족에게도 보여주고 싶어서 두 시간 비행이면 도착하는 상하이로 정했다. 저번 추석에는 인천공항의 인구밀도에 기가 눌려서 주름 하나 펴지 못했었는데, 이번 설에는 김포공항으로 간 덕에 쾌적하고 여유롭게 출국하고 입국했다.

중국에서도 춘절이라는 대대적인 명절이 시작되고 있었다. 중국에서 가장 큰 명절인 춘절은 10일여 간의 긴 연휴였다. 중국은 여전히 가족 문화가 다정하게 자리 잡고 있어서 춘절에 가족과 보내려는 사람들이 많다고 했다. 그래서 쉬는 가게가 엄청 많다고. 하지만 이미 진행시킨 상하이 여행이고, 이 여행의 가장인 내가 불안해할 수는 없었다.

내가 지구 곳곳을 여행하면서 얻은 하나의 교훈은 사람 사는 거 다 똑같다는 거였다. 분명 이 명절에도 돈을 벌고 싶어서 활짝 연 가게들이 많을 거라 생각했다. 아니, 그렇게 믿었다. 근본 없는 믿음을 안고 오른쪽에는 엄마를, 왼쪽에는 동생을 끼고 상하이에 도착했다.

첫날 식사를 해결하느라 조금 삐그덕대긴 했지만, 역시나 중국 사람들은 나를 실망시키지 않았다. 관광지마다 활짝 연 가게들이 많았고, 중국 사람들도 상하이로 여행을 많이 와 있었다. 예전 가족 여행으로 말미암아 일정을 널널하게 짰더니, 또 이번에는 시간이 너무 남았다.

내수 왕국인 중국에서는 구글맵을 사용할 수 없어 중국 전용 지도 '고덕지도' 어플을 켜야 했다. 모든 언어는 중국어였다. 중국어라서 어려울 때도 많았지만, 어플 메커니즘은 다 비슷비슷해서 이 별표 모양이 '즐겨찾기'라는 걸, 이 강조 표시된 칸이 '네'라는 걸, 이 사람 모양이 '도보'를 의미한다는 걸 알 수 있었다. 그러나 그 외에는 지도 속 중국어들이 뭘 의미하는지 도통 알 수가 없었다. 중국어라서 좋은 점은 '여긴 뭐지?' 하는 호기심 같은 게 생길 수가 없으니 딴 길로 샐 일도 없다는 점이다. 그럼에도 공원만큼은 고덕지도도 연두색 수제비로 표시되어 있었다.

연두색 수제비를 보고 따라간 곳은 쇼핑몰들이 즐비한 도심에 떡하니 위치한 공원이었다. 입구부터 사람이 정말 많았다. 근데 모두 나이 지긋한 어른들뿐이었다. 중국 공원에는 어르신들이 모여서 노래를 부르거나, 체조를 하거나, 스포츠를 즐기는 등 활동이 많아 어느 정도 붐비는 건 알고 있었는데, 지금 내 눈앞에는 눈에 다 담지 못할 정도로 많은 어르신이 있었다. 자세히 보니 다들 뭔가를 팔고, 뭔가를 구경하고 있었다. 그런데 파는 물건은 보이지 않고, 중국어가 빼곡히 적힌 A4용지의 주인들이 작은 광장 테두리를 둘러싸고 있었다.

부동산 시세인가 싶어 A4용지를 한참 들여다봤는데 숫자는 전혀 없었다. 구인구직인가 싶어 다시 들여다봤지만 역시 가장 중요한 월급으로 추정되는 숫자는 없었다. 사람으로 가득 찬 광장 안에서 두리번거리는 사람은 딱 세 명뿐이었다. 나와 엄마 그리고 내 동생. 한 구역에서 끝났으면 호기심을 누르고 지나쳤을 텐데, 발걸음이 닿는 곳마다 A4용지가 끊이지 않았다. 나는 많이 참았다는 듯 앞머리를 쓸어올리며 핸드폰 잠금을 풀고 번역기를 켰다. 얼추 마음에 드는 상아색 A4용지를 촬영하고 번역을 기다리는데, 종이의 주인인 할아버지가 헐레벌떡 달려오셨다. 서로 당황한 듯 수줍게 인사를 주고받는 사이에 번역이 완료되었다.

공개 구혼

뉴욕대를 졸업한 1986년생의 남자.

키는 186cm.

취미는 사진 찍는 것과 여행….

내가 지금 뭘 본 거지? 공개 구혼? 본인이 하는 것도 아니고 부모 혹은 조부모가 구혼을 하는 현장이라니. 틴더의 실사판을 보는 느낌이었다. 인민 공원 안의 모든 사람이 흥미롭게 구경하니, 나마저도 그저 흥미로웠다. 나는 호기심이 해결됐다는 듯 고개를 끄덕이며 뒷걸음질로 가족의 품으로 돌아갔다.

공원 안으로 더 파고 들어가니 공개구혼의 현장은 사라졌다. 그 열기는 열댓 명씩 모여서 노래를 부르는 할아버지, 할머니들이 대체했다. 구슬픈데 또 힘찬 것이 대부분 조국에 대한 노래였던 것 같다. 둥글게 모여서 내고 싶은 대로 힘껏 소리를 내는 그 열정이 부럽기도 했다. 내가 다녀본 곳 중에서 어르신들이 가장 혈기 왕성하게 숨 쉬는 곳이 중국이었다. 노래를 부르시다가 흥에 못 이겨 살랑살랑 율동까지 추는 할머니가 부러워 나를 덧대었다. 뜨거운 햇빛이 정수리로 내리쬐고 있었다.

서울, 양재천

공원을 이야기할 때 내가 숨 쉬듯 들락거리는 나만의 연두색 수제비를 빼놓을 수가 없다. 나의 양재천. 날씨 좋을 때, 밥 먹고 배가 부를 때, 편집하다가 쉬고 싶을 때, 좋아하는 사람을 마음껏 떠올리고 싶을 때 등의 갖가지 이유로 나는 매일 양재천으로 향한다. 아침이고, 밤이고 늘 사람 많은 양재천을 걷다 보면 어느새 귀에 쑤셔넣은 음악은 들리질 않고 사색에 빠진다. 사색이 너무 잘돼서 이 생각 잠깐, 저 생각 잠깐, 그 생각 잠깐 하며 병렬 생각을 하게 되는 단점이 있기도 하지만.

오늘도 이 책을 쓰며 마음대로 풀리지 않는 원고를 덮고, 귀에 음악을 쑤셔 넣고 양재천으로 나섰다. 내가 가장 좋아하는 5월의 초록색을 입은 양재천을 지그시 바라보았다. 형광빛 연두색으로 물든 곳. 이어폰을 빼고 싶은 충동에 순응했다. 5월의 공기가 귓가에서 한 바퀴 돌면서 가만히 있는 공기에는 이런 소리가 있다며 들려주고는 훌쩍 떠났다. 모니터 앞에 앉아 금방 손이 닿을 거리까지만 시력을 쓰다가, 손을 뻗어도 뻗어도 도통 닿지 않을 거리에, 내 시력도 버텨내질 못하는 거리에 내 시선을 방치했다. 아무것도 해결해 주지 않지만 다 해결된 기분이다.

사실 아무한테도 말하지 않은 '나만 아는 나의 멋진 모습'이 있는데, 여기까지 읽은 독자들이 고마워서 털어놓으려고 한다. 작년 어느 초록 초록한 날 양재천을 걸을 때였다. 두꺼운 바람이 길게 부는 날이었다. 하늘을 뒤에 놓고, 바람에 무던하게 흔들리는 덩치 좋은 나무들을 바라보다가 눈에 물 같은 게 고였다. 고이기만 했으면 멋있다고 생각하지 않았을 텐데, 성실하게 고인 그 물이 이내 햇빛 머금은 뺨으로 흘러내렸다. 오른쪽 주륵, 왼쪽 주륵. 파란색과 초록색이 어우러진 그 모습이 참 듬직하고 찬란해서 응당 눈물을 흘릴 수밖에 없었다. 나만 멋있나.

양재천에는 귀여운 사람들이 참 많다. 구부정한 자세로 아동용 따릉이를 타고 가는 아저씨, 유치원 가방이 걸린 씽씽이를 엄마에게 양보하고 결승점까지 열심히 뛰는 꼬마 남자아이 그리고 힘찬 소리와는 다르게 천천히 발을 굴리는 엄마, 돗자리 대신 바닥에 낭만을 펼치고 그 위에 누워서 노래 듣는 커플, 크러쉬 콘서트 굿즈 티셔츠를 입은 할머니, 퇴근길인지 오피스룩을 입고 걷다가 꽃 냄새를 흠뻑 맡는 여자 그리고 그 모두를 관찰하는 나. 나도 꽤 귀엽다. 사람은 자세히 보고, 오래 보면 다 귀엽다.

내 앞의 노부부가 나무 밑을 계속 쳐다보고 있다.

"아이, 예쁘다."

할머니가 먼저 쪼그려 앉아 핸드폰을 꺼내 사진을 찍기 시작했다. 얼굴이 점점 핸드폰에서 물러난다. 초점을 맞추려는 듯 눈은 점점 작아지고 있다. 30초 정도 지났을까? 열심히 사진 찍고 있으니 할아버지도 공기 반, 소리 반 섞인 "아이고"를 뱉으며 천천히 무릎을 접고 옆에 쪼그려 앉는다.

손톱만 한 작은 꽃에 걸음을 멈추고, 성치 못한 관절을 구태여 접고 나란히 앉아 오래도록 구경하는 노부부. 그 모습을 바라보고, 초록도 번갈아 구경하며 집으로 돌아가는 내 머리 위에 말풍선이 떴다.

'여기에서 늙고 싶다.'

여기, 아무것도 하지 않아도 되면서, 아무거나 해도 되는 공간. 그 공간을 열심히 아무것도 하지 않고, 아무거나 하는 사람들이 채우고 있다.

여행을 ～～～

끝내는 _____

여행

"금방 갔다 오겠는데요?"

연중행사 정도의 빈도로 등산을 하던 몽골팸은 손바닥만 한 종이에 그려진 히말라야산맥의 안나푸르나 트레킹 코스를 보며 해볼 만한 싸움이라 생각했다. 그리고 트레킹 첫날, 아무래도 싸움은 하지 않는 게 좋겠다며 땀을 닦았다. 셋째 날, 다섯 시간 거리를 아홉 시간에 걸쳐 도착했다. 넷째 날 낮, 두 명의 여자가 눈물을 흘렸고, 밤에는 전원 고산병에 당첨되었다. 다섯째 날, 하산을 하다 한 명의 여자가 코피를 흘렸다. 금방 갔다 오겠다는 곳이 저세상일 줄이야.

짧지만 매우 길었던 5박 6일의 트레킹을 포함해 약 14일간의 네팔 여행을 마치고 한국행 비행기 안에서 기절했다. 이른 아침 인천공항에 놓인 나와 친구들은 코피, 땀, 눈물로 적셔진 보름 동안의 애틋함은 ABC(안나푸르나 베이스캠프)에 놓고 온 듯 가벼운 인사를 주고받고 각자의 집으로 향했다. 참으로 산뜻한 발걸음이었다.

여행이 끝나갈 즈음에 나는 늘 핸드폰 메모장을 켰다. 두 손으로 공손히 핸드폰을 부여잡고 '귀국 기념 소울푸드 라인업'을 짜야 했다. 무사히 여행을 끝내고 한국에 돌아온 것을 자축하는 나의 4년 전통이었다. 네팔 음식은 꽤 매웠고, 신라면도 자주 먹었던지라 이번 라인업은 난이도가 높았다. 미간이 한껏 찌푸려졌지만 즐거웠다. 스트레스받을 때 수학 문제를 푼다는 천재 이과생이 이런 기분일까.

> '아아, 고생한 나에게 하루 동안 어떤 음식을 먹여줘야 할까?'

미간에 생긴 주름이 문신으로 바뀌기 직전에 순댓국과 방어회를 적었다. 날씨가 제법 쌀쌀해진 11월 말이기에 뜨끈한 국물과 겨울을 알리는 신선한 회를 골랐다. 제철 음식을 챙겨 먹는 어른스러운 식단이 마음에 쏙 들었다.

동쪽에서 해가 떠오를 때 순댓국집을 방문하는 것은 밤새 술을 마시고 지하철 첫차 타기를 기다리던 스물한 살의 어느 거룩한 날 이후로 처음이었다. 11월의 아침 공기와 내 등산화 투샷이 꽤 잘 어울렸다. 원산지 네팔의 흙이 보기 좋게 묻어 있는 등산화의 자태가 자랑스러워서 그에 맞는 시원시원한 보폭으로 입장했다.

"딸랑."

놀랄 만큼 그 누구도 내게 관심 없었지만, 무심한 보행으로 비좁은 1인용 식탁으로 돌진했다. 세계에서 가장 높은 산, 에베레스트의 키 8,848미터가 적힌 등산 스틱이 꽂혀 있고, 꼬깃한 수하물 태그가 달려 있는 뚱뚱한 배낭을 맞은편 의자에 앉혔다.

"순댓국 머릿고기만 주세요."

자주 와봤던 사람처럼 막힘없이 주문했다. (자주 와봤던 사람이다.) 귀향해서 바로 먹는 음식이 순댓국이라니. 요즘은 다들 추구미가 하나씩 있던데, 내게는 추구미보다는 추구식이 있다. 나는 식당 안에서 내가 가장 어릴 것 같은 곳을 추구했다. 순댓국이 그 정도의 음식은 아니라고 생각할 수 있지만 순댓국이 상징하는 것, 품고 있는 이미지 같은 것들이 나를 미치게 만들었다.

이 사람의 고단함, 저 사람의 스트레스로 긁혀 더 이상 반짝이지 않는 스뎅 그릇에 깍두기를 두 조각 담고 내부를 둘러보았다. 벽에 도배되어 있는 수많은 색 바랜 사인들 중에 엄홍길 대장님의 사인과 눈이 마주쳤다. 끼리끼리는 과학이라더니. 수없이 와본 순댓국집에서 갑자기 엄홍길 대장님의 사인이 내 눈에 들어온다고? 혼자 엄홍길 대장님과 내적 친분을 쌓아 가고 있을 때 아주머니가 식탁에 순댓국을 툭 놓고 떠났다. 안경에 김이 서릴 만큼 팔팔 끓는 K-패스트푸드를 보고 있자니 위장에서 태극기가 펄럭거리는 듯했다. 빠르게 새우젓 한 티스푼을 넣고, 다대기를 풀어서 시뻘게진 국물을 한 숟갈 삼켰다. 공복이라 그런지 국물이 내려가는 흐름이 선명했다. 어릴 적에 발렌타인 18년산을 원샷했던 그때와 비슷한 강렬함이었다. 여행이 좋았든, 힘들었든, 잘 먹었든, 못 먹었든, 더웠든, 추웠든 한국으로 돌아와서 먹는 첫 음식은 늘 나를 위로했다. 이 위로받는 기분이 어찌나 엔돌핀이 도는지 이제는 여행지에 적응될 즈음부터 이 순간을 기다리기 시작했다. 언젠가 "요리는 설거지까지 포함"이라는 말을 보고 격하게 고개를 끄덕였는데, 내 여행은 귀향 후 첫 음식까지 포함이었다. 첫 음식을 먹고 배를 통통 튀겨야만 비로소 여행의 매듭이 지어졌다. 이 감미로운 국물이 식으면 안 되기에 숟가락을 바삐 움직였다.

'하! 다음 집은 꼭 엘리베이터 있는 곳으로 가야지.'
나보다 나이가 많은 이 빌라의 꼭대기가 나의 집이다. 1

층에서 마주한 계단을 보자마자 허벅지에 미세한 진동이 오는 듯했지만, 기분 탓이겠지. 16킬로그램 배낭을 업고 한 계단 오르자마자 아직 진정되지 못한 허벅지와 종아리 근육이 칭얼거렸다.

'리마인드 트레킹이야, 뭐야.'
삐죽거린 입이 민망하게 1층을 넘어서자 모든 것들이 안정되기 시작했다. 안나푸르나 트레킹에서 내 인생 극한의 고통을 느꼈던지라 이 정도는 힘들지 않다고 느껴지는 듯했다. 고통은 더 큰 고통으로 잊는 것이구나! 어느덧 꼭대기인 4층에 다다랐다. 문을 열자마자 냉한 기운이 나를 반겼다. 신발장 옆에 배낭을 던져놓고 곧장 보일러로 향했다. 한동안 꺼져 있던 보일러를 켰다. 여자 혼자 사는 집 앞에 택배가 오랜 시간 쌓여 있는 게 신경 쓰여서 10일 전에 동생한테 택배 좀 넣어달라고 부탁했는데 예상치 못한 답장이 왔었다.

누나, 보일러 안 껐어? 집이 뜨거워.

껄껄. 김은영이 김은영했네. 4일 만에 알게 되어 감사하고, 동생을 낳아준 엄마에게 효도해야겠다고 다짐했다.

신발장에 던져둔 배낭을 거실까지 끌어와 눕혔다. 네팔 향기에 흠뻑 취한 이 배낭을 개복할 시간이었다. 며칠 동안 땀에 젖었다 말랐다 와리가리를 버텨준 기능성 티셔츠, 얼굴만 건성인 줄 알았는데 발바닥까지 건성이라 뽀송한 냄새를 유지해 준 등산 양말 다섯 켤레까지 모두 방바닥에 끄집어냈다. 화장품과 먹다 남은 간식까지 다 꺼냈더니 배낭의 심해에서 한껏 웅크리고 있던 알록달록한 등산 양말 한 켤레가 나왔다.

"김은영, 나 등산 양말 하나만 빌려주라."
트레킹 중에 박서우가 나에게 빌려 간 등산 양말이었다. 박서우는 나와 다르게 기름이 생성되는 피부였다. 그녀의 발도 예외는 아니었다. 이틀에 한 켤레 신겠다던 박서우의 계획은 트레킹 하루 만에 틀어져 버렸다. 박서우는 트레킹 4시간 만에 촉촉해져 버린 본인의 등산 양말에 믿을 수 없다는 듯이 자꾸 코를 갖다 댔다. 트레킹이 힘들어서 미쳐버린 건지, 여전히 생명력 넘치는 그 양말 시향을 몇 번이고 내게 권유했다. 나는 호기심이 강한 편이긴 하지만, 무서울 때는 회피하는 습성도 있기 때문에 적극적으로 회피해 단 한 번도 맡지 않았다.

우리는 어떤 날에는 아홉 시간을 올랐고, 어떤 날에는 다섯 시간을 올랐다. 오르면 오를수록 저온다습해지는 인프라에 빨래는 포기할 수밖에 없었다. 그리하여 트레킹 셋째 날 아침, 박서우가 나에게 도움의 발길을 요청한 것이다. 박서우는 잘 알고 있었다. 나는 옷을 많이 가져와서 안 입는 옷이 있는 생기고야 마는 놈이라는 것을. 마침 디자인은 마음에 들지만 사이즈가 살짝 작아서 못 본 척하고 있던 등산 양말이 있었다. 한 번도 개시하지 못한 나의 알록달록한 새 등산 양말을 박서우에게 보냈다. 박서우는 바로 본인의 발을 쑤셔 넣었다. 다음 날 저녁, 트레킹이 끝난 후 내가 빌려준 양말을 벗었다. 잠깐, 어제 아침에 내가 빌려줬잖아.

"나, 너가 빌려준 양말 빨래 안 하고 이틀 신었다."
박서우는 속상한 말을 태연하게 흩뿌리고는 양말에 코를 박았다. 비명을 지르며 양말에서 멀어졌다가 심심한지 다시 또 양말로 찾아갔다. 맡을 때마다 새로운지 이제는 웃으면서 비명을 질렀다. 미쳐 버렸구만⋯.

"이 양말 지금 줄까? 아니면 빨아서 다음에 줄까?"
하마터면 고민할 뻔했다.

"지금처럼 사이좋게 지내고 싶으면 빨아서 줘야겠

지?"

해발고도 4,120미터를 찍고 무사히 살아서 내려온 우리는 꽤 좋은 컨디션의 호텔에 투숙했다. 박서우는 체크인하자마자 땀에 찌든 본인의 옷과 내 양말까지 한데 묶어 호텔에 세탁 서비스를 맡겼다. 세탁 여행을 다녀온 양말은 박서우의 체취를 잃고 순수한 상태가 되어 내게 돌아왔다. 그럼에도 나는 긴장의 끈을 놓지 않고 그 양말을 다른 옷과 분리해 배낭의 저 바닥에 처박아두었다.

이 양말 한 켤레를 보자마자 떠오르는 지난 시간들이 이렇게 많다니. 트레킹을 준비하며 이불 속에서 이 양말을 주문하던 시간, 박서우에게 양말을 빌려주던 시간, 발냄새 시향을 권유받던 시간, 축축한 양말을 그대로 가져올 뻔했던 시간… 양말에 담긴 시간들은 아주 짧게 압축되어 한 번에 겹겹이 떠올랐다. 짧게 압축된 만큼 시간의 화질도 저하되었다. 점점 더 저하되겠지. 점점 더 희미해지겠지. 모든 게 선명할 필요는 없으니 희미한 것은 희미한 대로 두어야지. 그러면 나는 또 이 양말을 보고 사라지지 않은 시간들을 더듬더듬 떠올릴 거야.

여행은 그랬다. 물건 하나에 추억이 덕지덕지 붙어서 여행이 끝난 직후에는 그 흐릿한 시간들을 떠올리기 바빴다. 짐을 하나씩 푸르면서 여행을 끝내는 여행이 시작된 것이다. 하나씩 꺼낼 때마다 네팔의 시간들도 함께 얽혀 나왔다. 바닥에 널브러진 빨랫감들과 이 알록달록한 양말도 마저 챙겨 세탁기 안으로 던졌다. 입가에 불쾌한 미소가 번졌다.

세탁기를 돌려놓고 내가 좋아하는 쇼퍼백에 16인치 맥북과 마우스, 마우스 패드를 챙겼다. 서둘러 백팩을 둘러메고 7년째 자주 가던 카페로 향했다. 세련된 카페는 아니지만 큰 테이블이 마음에 들어서 한 달에 열 번 이상은 찾는 카페였다. 사장님이 나를 단골손님이라고 인식은 하시지만 서비스나 스몰토크를 건네지 않아 더 마음 편히 단골이 되었다. 도장 열 개를 모아서 공짜 아메리카노를 수도 없이 마셨던 나랑 친한 공간. 본가에서는 걸어서 5분도 걸리지 않지만, 최근에 이사한 내 자취방에서는 걸어서 30분이나 걸렸다. 그럼에도 이곳만이 주는 안정감과 투박한 다정함이 좋아 30분은 전혀 문제 되지 않았다. 독립한 뒤에도 일주일에 한두 번은 꼭 갔는데, 네팔에 다녀오는 약 2주 동안 못 갔기 때문에 혹시나 사장님이나 직원분이 내가 이 카페에 마음이 떠서 안 온다고 생각할지도 모르니까 그런 게 아니라고 얼굴도장을 찍어야 했다. 여행을 길게 다녀오면 늘 나 혼자 이렇게 해명하는 방문을 가졌다. 좋아하는 음악을 귀에 꽂고 노랗게 물든 동네를 구경하면서 걷다 보면 30분은 빠르게 흘렀다. 카페에 도착하자 갈 길을 잃었다. 아니, 카페에 도착하지 못했다. 카페가 사라진 것이다. 영업 시간표가 떼어져 접착제만 남아 있는 유리창 너머에는 아무런 가구도 보이지 않았다.

'무슨 일이지? 왜지?'
입구에 종이 한 장이 붙어 있었다. 조금의 오해도 하고 싶지 않아서 종이에 가까이 다가갔다.

순댓국집 오픈 예정입니다. 감사합니다.

'이게 다야?'
이건 밤색의 얇은 뿔테 안경을 쓴 카페 사장님이 하는 말이 아니었다. 모르는 사람의 잘 봐달라는 인사였다. 작은 구멍이 난 것처럼 심장에 바람이 빠르게 빠져나갔다. 10년 전 내가 이 동네에 이사 온 후 3년 뒤에 이 카페가 오픈했었다. '여기에 카페가? 되려나?' 했지만 사장님이 직접 원두도 볶고, 쿠키 같은 디저트도 맛있게 구워서 회사원들의 사랑방 같은 곳이 되었다. 주변에 다른 가게들이 새로 생겼다가 사라지는 동안에도 이 카페는 굳건했다. 내가 회사를 다니던 시절에는 아침마다 이 카페에서 커피를 사 들고 출근했고, 동생과 마주 앉아 종종 고민 이야기도 나누고, 박서우와 〈소풍족〉의 시작을 회의했었고, 김하은의 결혼을 축하하는 편지도 썼었고, 기다란 테이블에서 완성해 낸 영상도 수없이 많았다. 하루를 많이 보냈던 곳, 나의 일상이었던 곳. 얼른 지도 앱을 켜서 카페 이름을 검색해 봤지만, 아무것도 나오지 않았다. 돌연히 아주 깔끔하게 사라졌다. 텅 비어버린 공간을 애타게 훑었다. 7년 동안 내 커피 쿠폰에 도장을 찍어주던 수많은 직원의 얼굴이 스쳐 갔다. 알려고 하지 않아도 직원이 몇 시에 출근하는지, 몇 시에 식사 시간을 갖는지 자연스레 알아갔다. 마감 시간까지 남아 있던 날에는 손님인 줄 알았던 남자가 직원분의 남자 친구인 것도 알게 됐었다. 정을 붙이려 하지 않았지만 7년의 시간은 기어코 정을 빚어냈다.

고3 겨울방학에 처음으로 카페에서 아르바이트를 하며 세상에 대해 깨우친 게 두 가지 있었다. 첫째는 사람들의 뒷담화에 휘둘리지 말자는 것이었고, 둘째는 지나갈 사람들에게 정을 주지 말자는 것이었다. 눈치챘듯이 나는 두 상황에서 상처받고, 상처 위에 또 상처를 얹고, 그렇게 계속 상처를 내면서 배운 세상의 현실을 마음에 새기게 되었다. 그렇기에 지나갈 것 같은 사람들에게는 애써 정을 나누려 하지 않았다. 7년 동안 못 본 체했지만, 내가 나 몰래 또 이 카페를 마음에 들인 것이다. 모든 것은 결국 지나간다는 것을 알지만, 아쉽다는 표현으로는 부족할 만큼 내 안의 모든 장기가 그렁그렁했다.

긴 여행에서 돌아올 때면 세상이 너무 빠르게 변해 있어서 혀를 끌끌 찬 적이 많았다. 육교가 사라지고 횡단보도가 생겼을 때, 먼지 쌓인 통조림이 많던 동네 슈퍼마켓이 모든 게 새것인 편의점으로 바뀌었을 때, 색을 잃은 간판이 걸려 있던 미용실이 네온사인이 걸린 케이크 가게가 되었을 때처럼. 그렇게 많은 게 변해갈 때는 그저 남의 이야기 같았는데, 이제는 내 이야기가 되었다.

> '얼마 전에 커피 쿠폰 안 찍어준 거 찍어달라고 하려고 했는데.'

목구멍 속으로 투덜거리며 카페였던 곳을 등지고 골목을 나왔다. 사라져 버린 나의 하루들. 사랑했었다! 세상에 대한 분노보다 이해가 더 쉬워진 나는 카페에서 아르바이트를 하며 세상에 치이던 고3 때처럼 눈에 방울을 주렁주렁 달지 않았다. 대신 16인치의 묵직한 맥북이 담긴 쇼퍼백에 눌려 오른쪽 어깨만이 시뻘겋게 울 뿐이었다.

왕복 60분의 찝찝한 산책을 마치고 집으로 돌아와 빨래를 널었다. 시차 적응을 위해 최대한 밤에 자려고 했는데 싱숭생숭해진 나를 달래려면 중천의 해를 벗 삼아 잠에 들어야 했다. 좋아하는 비누향 탈취제를 침구에 뿌렸다. 몸이 녹아내릴 것 같은 전기장판으로 기어 올라가서 이불을 턱 밑까지 끌어 올렸다.

'이번 네팔 여행은 어땠지?'
네팔의 수도, 카트만두에 입국하고부터 안나푸르나 트레킹, 포카라 시내 구경 그리고 다시 카트만두까지의 여정을 되새겼다. 여행 유튜버가 되면서 생긴 버릇 중 하나였다. 라이브 방송을 하거나 친구들을 만날 때 "이번 여행 어땠어?"라는 질문에 더 이상 그냥 "좋았다"라고만 답하고 싶지 않기 때문이었다.

네팔 여행은 내가 좋아하고 편한 친구들과의 여정이어서

조금 더 나다울 수 있었다. 북한산 등산도 올해 처음 가본 네 명이 안나푸르나 트레킹을 가는 것은 무모한 도전이었다. 다들 돌아오는 내일을 쳐내기에 바빠서 트레킹에 대해 제대로 알아보지 않은 상태로 히말라야산맥에 냅다 발부터 들이민 것이었다. 가히 '사서 고생' 중에 역대급이었다. 열두 시간의 하산은 내 평정심을 무너트렸다. 괜찮냐고 묻는 가이드에게 대답 대신 한껏 찌푸린 한숨을 내뱉기도 했다. 내 체력의 현 상태와 한계가 어디인지, 체력적으로 힘들어질 때 나는 그리고 우리는 어떻게 행동하는지 엿볼 때마다 새롭고, 놀랍고, 우스웠다.

몇 년 전에 제주도에 갔을 때 한 편집숍에 삐뚤삐뚤 적혀 있던 문구가 있었다.

<u>여행은 짧은 인생이고, 인생은 좀 더 긴 여행이다.</u>

나는 인생을 나를 알아가는 과정이라고 생각하고 열심히 나를 탐구하며 살아가고 있다. 그럼 나를 잘 아냐고 묻는다면, 글쎄, 대충. 나는 밤 산책을 좋아하지만, 방 안의 밤은 무서워한다. 배달 어플을 지웠다 깔았다 반복한다. 바

뀐 밤낮을 되돌리려고 주기적으로 애쓰고, 방을 치워도 3일이면 다시 지저분해지고, 그럴 때는 청소 말고 외출을 선택하고, 신년 계획들은 매년 이월시키고, 또 기어코 충치를 만들어내고, 엄마한테 버럭 짜증 내고 바로 후회하고, 작은 화면에 비친 남의 행복에 혼자 울적해지기도 하고, 한 달에 몇 번이고 내일부터 다이어트를 시작한다. 뭐, 이 정도는 알겠는데 나는 여전히 내가 계속 궁금하다. 매일 비슷한 낮과 밤을 보내면서는 나를 아는 데 도무지 진전이 없다.

그래서 짧은 인생을 살러 캐리어를 끌고 새로운 환경에 자꾸 발을 내디딘다. 용감하게 내디딜 필요는 없다. 나 역시 아직도 "무서워"를 숨 쉬듯 내뱉고, 한 발짝 떼는 데도 여전히 여러 번의 도움닫기가 필요하다. 사실 유튜브를 직업으로 여행을 다니면서는 직접 내딛기보다는 내동댕이쳐진 경우가 많았다. 그러면 어쩔 수 없이 무릎을 털고 일어나야만 했다. 그 순간에도 나는 내 무릎보다는 카메라를 걱정한다는 것을 깨닫는다.

이렇게 짧았든, 길었든 하나의 여행이 끝나면, 여기저기서 주워 온 나의 새로운 모습들로 주머니가 묵직해진다.

낯선 곳을 걸어야만 새롭게 알게 되는 내가 있고.
낯선 맛을 삼켜봐야만 비로소 인정하게 되는 내가 있다.
낯선 햇빛 아래 서야만 새롭게 보이는 내가 있고,
낯선 내가 되어야만 만날 수 있는 내가 있다.

그래서 나는 또다시 여행을 떠난다.

오늘도 잘 놀다 갑니다

초판 1쇄 발행 2025년 9월 5일

지은이 김은영
펴낸이 정지은

펴낸곳 (주)서스테인
출판등록 2021년 11월 4일 제2021-000166호
전화 070-7510-8668
팩스 0504-402-8532
이메일 sustain@sustain.kr

ISBN 979-11-93388-20-4 03810

- 인쇄·제작 및 유통상의 파본 도서는 구입하신 서점에서 바꿔드립니다.
- 이 책의 전부 또는 일부 내용을 재사용하려면 반드시 사전에 저작권자와 ㈜서스테인의 동의를 받아야 합니다.